电子信息与网络安全管理实践

王结虎　祝宝升　刘利峰◎著

哈尔滨出版社
HARBIN PUBLISHING HOUSE

图书在版编目（CIP）数据

电子信息与网络安全管理实践/王结虎，祝宝升，刘利峰著．—哈尔滨：哈尔滨出版社，2022.10
ISBN 978-7-5484-6815-8

Ⅰ．①电… Ⅱ．①王… ②祝… ③刘… Ⅲ．①电子信息－信息安全－安全管理 ②计算机网络－网络安全－安全管理 Ⅳ．①G203②TP393.08

中国版本图书馆CIP数据核字(2022)第189832号

书　　名：电子信息与网络安全管理实践
DIANZI XINXI YU WANGLUO ANQUAN GUANLI SHIJIAN

作　　者：王结虎　祝宝升　刘利峰　著
责任编辑：孙　迪　李维娜
封面设计：白白古拉其

出版发行：哈尔滨出版社（Harbin Publishing House）
社　　址：哈尔滨市香坊区泰山路82-9号　邮编：150090
经　　销：全国新华书店
印　　刷：北京四海锦诚印刷技术有限公司
网　　址：www.hrbcbs.com
E - mail：hrbcbs@yeah.net
编辑版权热线：（0451）87900271　87900272
销售热线：（0451）87900202　87900203

开　　本：787mm×1092mm　1/16　印张：11　字数：225千字
版　　次：2023年5月第1版
印　　次：2023年5月第1次印刷
书　　号：ISBN 978-7-5484-6815-8
定　　价：58.00元

前 言

电子信息技术是信息科学技术的主要内容，它代表了当今社会最具潜力的新的生产力。电子信息技术是指研究信息的获取、传输、处理、存储和应用的科学技术，它是以微电子和光电子技术为基础，以计算机技术为手段，以电子信息系统、通信系统和控制系统为主要应用的一门综合性技术。随着时代的高速发展，信息技术也发展得越来越快，网络安全防护的问题受到了越来越多人的重视。目前市场上出现了品种繁多的网络安全管理类产品，而且越来越多的人也开始重视网络安全。

计算机网络安全问题是大家比较关注的话题之一，当然也是学者研究的一个重要课题。计算机网络安全是一门涉及计算机科学、网络技术、通信技术、密码技术、信息安全技术等多学科的综合性学科。计算机网络安全是指网络系统的硬件、软件及其系统中的数据受到保护，不受偶然的或者恶意的原因而遭到破坏、更改、泄露，确保系统能连续可靠正常地运行，网络服务不中断。计算机网络安全从其本质上来讲就是网络上的信息安全。从广义来说，凡是涉及到网络上信息的保密性、完整性、可用性、真实性和可控性的相关技术和理论都是计算机网络安全的研究领域。当然，计算机网络安全涉及的不仅是技术问题，也跟社会和法律相关。要解决信息网络的安全问题，必须采取技术和立法等多种手段进行综合治理。

基于此，本书就电子信息与网络安全管理实践展开全面论述。从电子信息的基础认知入手，对计算机网络、现代通信技术及信号与信息处理技术原理、网络安全、网络安全防护技术、无线网络的安全与网络设备安全、新时期互联网监管平台建设等方面展开详细的叙述。本书在结构上编排新颖，便于读者理解掌握，是一本为从事网络安全管理的工作者以及爱好者量身定做的参考用书。

在本书的撰写过程中，参阅、借鉴和引用了国内外许多同行的观点和成果。各位同仁的研究奠定了本书的学术基础，对电子信息与网络安全管理实践的展开提供了理论基础，在此一并感谢。另外，受水平和时间所限，书中难免有疏漏和不当之处，敬请读者批评指正。

目　录

第一章 电子信息的基础认知

第一节 信息技术的内涵

一、信息技术

在现代人的日常生活中，信息的应用、话题无处不在，比如，可以通过手机将短信息发到世界几乎任何角落；可以通过E-mail、QQ、MSN、Skype等网络通信工具，与相距万里的友人互通有无。许多大学都有信息科学与技术学院、电子信息专业、信息技术课程。

（一）信息的概念

信息一词的英文表达为“Information”，表示音讯、通讯、消息、通知、情况等。到目前为止，围绕信息定义问题，相关学者分别从语言学、哲学、自然科学等不同角度提出各自的定义，但还没有人能给出基础科学层次上的信息定义。信息从其本质来讲，是一种非物质性的资源，它存在于物质运动和事物运行的过程之中，可以简单地概括为：信息是表达物质运动和事物运动的状态和方式的泛称。

（二）信息技术

信息技术（Information Technology，简称IT），是指用于管理和处理信息所采用的各种技术的总称。对信息技术，可从广义、中义、狭义三个层面来定义。广义而言，信息技术是指能充分利用与扩展人类信息器官功能的各种方法、工具与技能的总和，此定义强调的是从哲学上阐述信息技术与人的本质关系。中义而言，信息技术是指对信息进行采集、传输、存储、加工、表达的各种技术之和，该定义强调的是人们对信息技术功能与过程的一般理解。狭义而言，信息技术是指利用计算机、网络、广播电视等各种硬件设备及软件工具与科学方法，对各种信息进行获取、加工、存储、传输与使用的技术之和，该定义强调的是信息技术的现代化与科技含量。

本书所说的信息技术取狭义，也可称之为电子信息技术。电子信息技术主要是指信息获取、信息传递、信息存储、信息处理和信息显示等技术。如果将电子信息技术看作一个多维坐标系中的一个向量，则信息获取、信息传递、信息存储、信息处理和信息显示是构成这个向量的四个不同维度上的分量，每一个分量，都有其自成一体的系统理论与技术。

信息获取是作为信息处理技术的前端，一般要借助特定的电子设备来实现，如电子信息战中，通过雷达、声呐信息探测设备，在噪声中探测到相应的电信号、声信号。信息传递则需借助通信技术与设备，将物理的消息转变成电信号或光信号，然后通过无线或者有线的方式进行远程传输。信息存储则一般通过计算机来实现，将信息存放在内部存储器或者外部存储器中，以备处理。信息处理则是另一个重要的技术，一般通过通用或者专用的数字信号处理芯片来实现。信息显示，则是将信息物化成图形、文字等形式，在计算机的显示屏 LCD 阵列上显示出来。

（三）信息技术的分类

关于信息技术的分类，不同的分类标准得到的分类方案是不同的。按信息技术的载体来分，可以将信息技术分为微电子信息技术、光电子信息技术、超导电子信息技术、分子电子信息技术、生物信息技术等。从技术要素的角度来看，可把信息技术分为微电子技术、通信技术、计算机技术、网络技术、软件技术等。从经济学的角度，可将信息技术分为：硬信息技术与软信息技术。

二、电子信息技术的发展

电子信息技术是当代最活跃、渗透力最强的高新技术。大力发展电子信息技术和产业已成为世界各国提高综合国力的战略选择、衡量国家综合竞争力的重要标志和各国争夺发展主动权的战略制高点。目前电子信息技术的发展趋势，主要体现在以下几个方面：

（一）集成电路：向物理极限接近

集成电路技术在整个电子信息技术的发展历程中充当最革命性的因素。众所周知，计算机的微型化，主要动力就在于集成电路的发展，一方面减小其体积，另一方面微处理器芯片、存储器等都依赖于集成电路。

（二）软件技术：软件平台化、开源化

软件作为电子信息技术的另一个分支，其发展趋势体现为从单一产品竞争转向平台竞争，各类软件平台成为竞争的焦点。为满足网络用户的要求，软件商在丰富软件网络化功能方面做足了文章。各种网络化软件不断被推出，并可以通过网络获取服务。

软件平台可以把各用户所需的功能模块整合于一体，形成一个独立、开放、标准、可扩展性的软件平台。这样一方面可以降低软件开发难度，提高软件开发效率，另一方面对于提升用户的应用水平也是有益的。世界主要软件商，如微软、IBM、SAP 等大型软件公司不断完善其平台产品，以占据更多的市场。微软从桌面构建 Windows 平台，正在逐步发展嵌入式智能系统。目前，Windows 平台已发展为成功的软件平台之一。它通过其桌面环境，吸引大量的独立软件开发商、开发人员、硬件供应商、系统集成商以 Windows 平台为基础，开发各类应用软件，为社会不同用户的不同目的提供软件服务。互联网的广泛应用，使得

软件从产品转变成服务，软件产业逐步转变成服务业。未来，软件服务将逐步成为市场竞争的核心。

另一个重要趋势是，所谓的软件开源化。以Linux为代表的开源软件发展极为迅速，技术不断成熟，市场逐步扩大。开源软件产品涉及操作系统、数据库、中间件以及各类应用软件等领域，在应用中与各类商业软件融合。开源软件应用从网络边缘应用向核心商用迈进，充分显示出开源软件正在逐步成熟，发展前景十分乐观。

（三）互联网技术：物联网化

互联网的应用开发也是一个持续的热点。一方面电视机、手机、个人数字助理（PDA）等家用电器和个人信息设备都向网络终端设备的方向发展，形成了网络终端设备的多样性和个性化，打破了计算机上网一统天下的局面；另一方面，电子商务、电子政务、远程教育、电子媒体、网上娱乐技术日趋成熟，不断降低对使用者的专业知识和经济投入要求。互联网数据中心（IDC）等技术的提出和服务体系的形成，构成了对使用互联网日益完善的社会化服务体系，使信息技术日益广泛地进入社会生产、生活各个领域，从而促进了网络经济的形成。

物联网技术发展是信息技术发展的新方向。物联网技术的核心和基础仍然是互联网技术，是在互联网技术基础上延伸和扩展的一种网络技术，将用户端延伸和扩展到任何物品和物品之间，进行信息交换和通信。物联网技术的定义是：通过射频识别（RFID）、红外感应器、全球定位系统、激光扫描器等信息传感设备，按约定的协议，将任何物品与互联网相连接，进行信息交换和通信，以实现智能化识别、定位、追踪、监控和管理的一种网络技术。我国中科院早在20世纪末期，就启动了传感网的研究，并已建立了一些实用的传感网。与其他国家相比，我国传感网技术研发水平处于世界前列，具有同发优势和重大影响力。在世界传感网领域，中国、德国、美国、韩国等成为国际标准制定的主导国。传感器能根据声音、图像、震动频率等信息分析判断，爬上墙的究竟是人还是猫狗等动物。多种传感手段组成一个协同系统后，可以防止人员的翻越、偷渡、恐怖袭击等攻击性入侵。

（四）光电子技术：集成化

光电子学是指光波波段，即红外线、可见光、紫外线和软X射线（频率范围3×1011～3×1016Hz或波长范围1mm～10nm）波段的电子学。光电子技术在经过20世纪80年代与其相关技术相互交叉渗透之后，在20世纪90年代，其技术和应用取得了飞速发展，在社会信息化中起着越来越重要的作用。

目前，光通信领域是光电子技术研究热点所在。因为，光通信技术对全球化信息高速公路的建设以及国家经济、科技、文化的可持续发展意义重大。目前，国内外正掀起一股光子学和光子产业的热潮。在光电子技术领域，最主要的技术包括激光技术、光纤技术及光电探测器技术三大块。

激光器主要有固体激光器和半导体二极管激光器两大类。固体激光器的平均输出功率已从百瓦级提高到了千瓦级。半导体二极管激光器的功率也有很大提高，其结构和其他性能正在经历重大变化。目前，一种具有新波长和带宽可调谐激光器成为新的器件模式，如对人眼无伤害的1.54μm和2μm的激光器、蓝光激光器和X光激光器。激光器向全固化、超短波长、微加工和高可靠性等方向发展。光纤是作为光通信的传输媒介，对于人类通信技术的更新起到非常大的作用。单根光纤传输的信息量已达到万亿位。到目前为止，光纤已经经历了由短波长（0.85μm）到长波长（1.3～1.55μm）、由多模光纤到单模光纤以及特种光纤的发展过程，并开发出了色散移位光纤、非零色散光纤和色散补偿光纤。而另一个重要技术——光电探测器，如电荷耦合器件、光位置敏感器件、光敏阵列探测器等，由于半导体技术的迅速发展，也受其牵引，快速前进。目前，光电探测器的重点发展方向是开发焦平面阵列为代表的光电成像器件。此外，由于制造技术的发展，正在设计具有单一功能或多功能的光子集成回路（OEIC）和集成光路（IOC）。预计不久的将来，多功能集成光学器件和光电子集成器件将系列化，集成光学信号处理速度将达到1GHz，将成为电子信息领域一个新的方向与应用点。

第二节　信息技术与研究领域

一、信息获取

一切生物都要随时获取外部信息才能生存。人类主要通过眼、耳、鼻等来获取外界信息，并利用大脑对信息进行加工、分析和处理，而后作出反应。在信息技术高度发达的今天，人们可以借助各种信息技术手段来获取各种信息，将所获取的信息通过以计算机为核心的信息处理系统进行综合处理来提高信息的准确度和实现信息利用。

人们要获取的信息多种多样，在日常生活中最常见的是语音和图像信息的获取，如，医生要获取病人病情的信息；一个自动控制系统要获取被控制对象物理参数的信息；信息化战争要获取各类军事目标的信息。

（一）语音信息的获取

获取语音信息有多种方法，除了早期留声机采用直接记录声波引起的机械振动的方法之外，现在比较通用的方法是将声音转换成电信号，这类可转换信号的转换器统称为拾音器。拾音器实际上是一种声音传感器，如固定电话和移动电话中的送话器、会场扩音系统中的麦克风等。按声波转换成电信号的不同机理，拾音器大致分为两类，一类是采用压电晶体（或者压电陶瓷），另一类是采用动感线圈。压电陶瓷的物理特性：当瓷片受压，则产生电，可通过瓷片两边的金属膜将电信号引出；如果在瓷片两边加交流电压信号，瓷片就产生与交流电压信号频率相同的振动。因此压电陶瓷可以将声波压力变为电信号，又可以在电信号作用下发声。动感线圈的工作原理是线圈切割磁力线而产生电流。这两类拾音器的共同结构是都有一个纸盆以感知声波的振动。两类拾音器的原理结构如图 1-1 所示，如将拾音器的输出送至受话器（或喇叭）则可发声。压电陶瓷成本低、灵敏度高，但音质不好。目前按动感线圈原理制作的传感器用得较多，体积最大的如扩音器中的麦克风，最小的如手机中的送话器（直径仅约 6mm，厚度不到 1 mm）。高品质耳机采用的也是动感线圈。

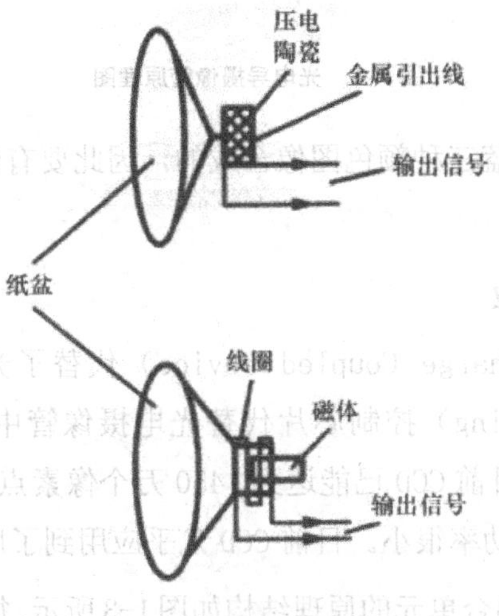

图 1-1 拾音器原理示意图

（二）图像信息的获取

图像信息的获取应用十分广泛，如照相机、摄像机、视频会议、远程医疗、实时监控、机器人视觉、地球资源遥感等。要获取图像，首先要有摄像头。摄像头分为光电扫描摄像头和 CCD（电荷耦合器件）摄像头两大类。早期用光电摄像管，现在几乎全部采用 CCD，其区别在于摄像管中的感光器件。

1. 光电导摄像管的工作原理

如图 1-2 所示，光电导摄像管由感光靶面、光学镜头和电子束扫描控制（偏转线圈）系统等组成。外部景物通过光学镜头成像在由光一电转换材料制成的靶面上，光的强弱不同，感光靶面上相应感光点上的电压强度也不同。从左至右扫描一条线，称之为行，扫描完整靶面一次称为场，这就是早期电视摄像头的工作原理。扫描的快慢根据应用要求不同而不同，在模拟电视系统中是每秒扫描 50 场，每场图像扫描 625 行；如果是资源卫星中的图像遥感，则扫描频率可能慢得多。

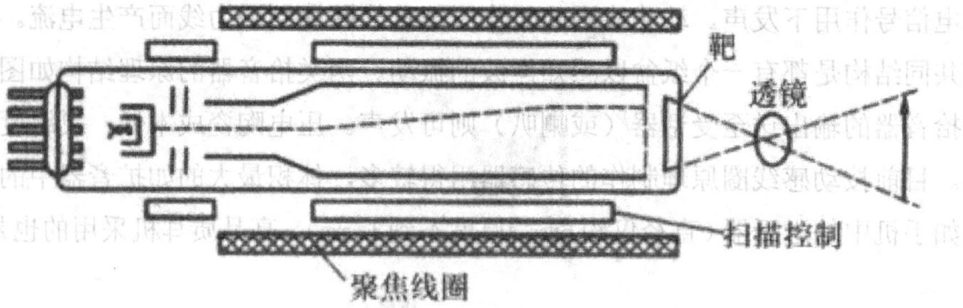

图 1-2　光电导摄像管原理图

彩色图像是由红、绿、蓝三种颜色图像合成的，因此要有红、绿、蓝三个摄像头分别摄像才能合成出彩色图像。

2.CCD 摄像工作原理

CCD 的摄像头用 CCD（Charge Coupled Device）代替了光电摄像管的靶面，用 DSP（Digital Signal Processing）控制芯片代替光电摄像管中的电子束扫描系统。一个 CCD 元件构成一个像素点，目前 CCD 已能达到 1450 万个像素点。DSP 芯片也比电子束扫描的控制精度高得多，且消耗功率很小。目前 CCD 几乎应用到了所有的图像传感器领域。

CCD 图像传感器的电荷耦合单元的原理结构如图 1-3 所示。每一个 CCD 单元由电荷感应、控制和传递三个小单元构成，电荷的多少由光的强弱决定，各单元的电荷依次按行在控制单元的控制下传递出去，按行、场的规律排列就组成了一幅图像。一个由 648×488 个像素点组成的 CCD 感光摄像芯片如图 1-4 所示。

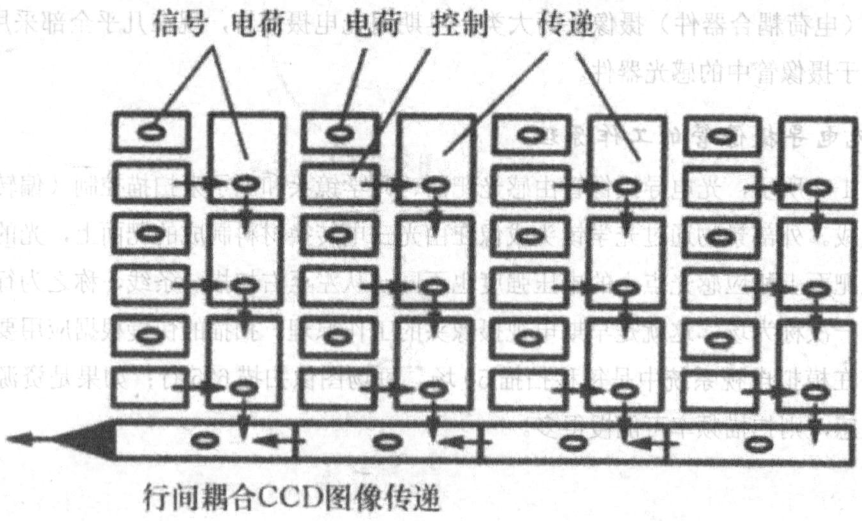

图 1-3　CCD 电荷耦合器件原理示意图

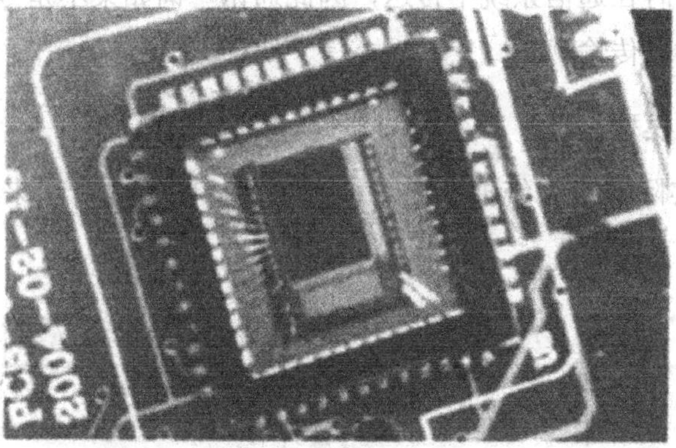

图 1-4　648×488 CCD 感光摄像芯片

可以制造出对不同光线敏感的 CCD 器件作不同用途，如红外成像和微波遥感等。红外成像应用广泛，如医疗、温度检测、夜视仪、工业控制、森林防火等；微波遥感可用于资源卫星、探物、探矿等。

（三）物理参数信息的获取

自动控制中往往需测量被控制对象的物理参数，如位置、温度、压力、张力、变形、流量（液体或气体）、流速等，而这些都是通过传感器实现的。一般传感器将被测参数的变化转变成电参数的变化。设计与制造优质传感器的关键是材料。

（四）军事信息的获取

在信息技术高度发展的今天，战争形态已发展到了以使用信息化武器进行作战为主要特征的新阶段。信息化战争是信息获取、信息传递、信息处理和信息利用的综合信息技术能力及信息化武器的比拼。只有获取了信息，才能耳聪目明；只有信息传递顺畅，才能指挥自如；只有及时准确地处理和利用信息，才能运筹帷幄。

现代军事信息获取工具已发展成了一类复杂的信息获取平台，如预警飞机、侦察卫星、雷达网和无人侦察飞机，甚至空天飞机等。按运载装备平台的活动空域可分为地面观测、空中观测、海上观测和航天观测等；按信息获取使用的手段可分为雷达、电视、光学、照相、声呐、微波红外和激光等。军事信息获取已超越了时空和单一手段的局限，构成了一张从空中、地面、海上到水下的多层次、全方位、全天候、全频段、立体化的信息获取网络。电子信息技术是信息化战争和信息化武器的核心。

二、信息传输

信息传输的另一个常用技术名词叫通信，它是电子信息技术中的一个重要领域。大学本科设有通信工程专业以培养从事信息传输理论与技术和设备的设计与制造的专业人才。顺便说明，通讯和通信是有区别的，通讯一般是指传送模拟语音，是在数字技术普及以前用来泛指电话系统的；在数字技术普及之后，由于语音、图像、文字等都变成了相同的二进制数码，从而可同时在通信系统中传送，因此通讯一词如果不是专指语音，就应该用通信这一名词来泛指信息传输了。

（一）通信系统模型

如果将不同的实际通信系统抽象出来，则可用如图 1-5 所示来表示任意通信系统的模型。

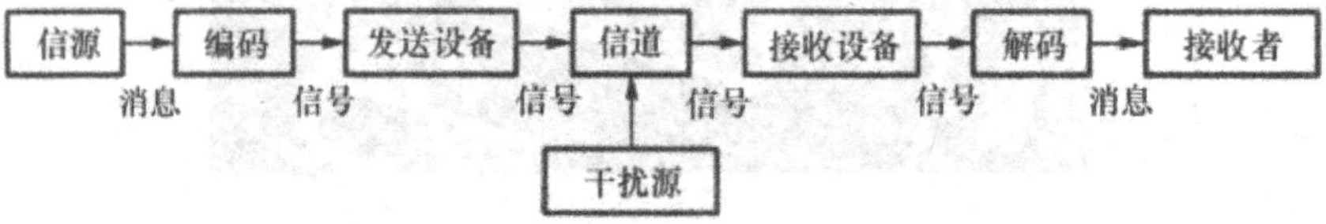

图 1-5　通信系统模型框图

信源——消息的来源，即由它产生消息，泛指语音、文字、数据和图像。

编码——将消息数字化变成以 1、0 为代码的二进制数码。

发送设备——将二进制数码变换成便于传送的电信号或者光信号向信道中传送。

信道——信号经过的通道，如大气空间、电线或海水等。

接收设备——完成与发送设备相反的变换，还原出与发送设备输入端相同的二进制代码。

接收者——可以是人，也可以是机器。

干扰源——表示信号在传输过程中可能引入的各种干扰，如设备的内部噪声和外来干扰等。

通信系统还原出的消息与信源发出的消息尽可能相同，但不是精度越高越好，这是因为：①任何仪器都具有一定的精度，只要求恢复的消息达到感知仪器的精度要求即可；②要提高传送消息的精度需付出设备成本代价。因此我们应根据通信系统的实际应用需求在传送消息的精度和设备成本代价之间折中选择。

通信设备多种多样，应用环境各不相同，要完成通信设备的设计制造，需要学习电路理论、数字电路与微波技术等，不过现在已很少用分离元件来制造电子系统，而是采用集成电路，因而电子系统的设计基本上等同于集成电路的设计，或者是选取功能符合整机系统要求的集成电路功能块。此外，现代通信系统都是硬件与软件的结合，甚至可以用计算机系统平台来实现原有通信系统的功能，因此除硬件技术外还应掌握软件技术。

（二）通信系统类型

划分通信系统类型的方法有很多种，如按信道类型来划分，可以将通信系统分为有线通信与无线通信。固定电话、互联网、闭路电视属有线通信，移动电话、卫星通信、广播电视属无线通信；光纤传输属有线通信，大气激光通信属无线通信等。

无线通信可以在不同的频率下工作。中波广播的频率是 535 ～ 1605kHz，广播电视工作在 49 ～ 863MHz，移动通信工作在 450 ～ 2300MHz（须错开与电视有重叠的频率部分，即已分配给电视的频段，移动通信就不能用）；频率不同，无线通信设备的性能指标也不同，各个频段安排的用途也随之不同。

（三）通信系统中的理论

对于通信系统中的理论问题研究了一个多世纪，已建立了较完善的通信系统理论体系，主要包括：信源编码理论、信道编码理论、调制理论、噪声理论和信号检测理论等。由于理论是在工程实践基础上的知识系统化和认知升华，随着设备实现技术的进步，上述理论也一直在发展，今后还会进一步发展。

编码，是为了更好地表示信息和传送信息。信源编码可以降低数据率；信道编码可以降低差错率，即使在传输过程中出现了零星差错，信道编码也可以发现并纠正。最简单的可以发现错误的信道编码是传真机采用的“奇一偶校验码”，通过加一位 0 或者 1 使信道中传送的每个码字 1 的个数总是偶数（原信号中 1 的个数如为奇数则将码字的最后 1 位置 1，如已为偶数则置 0），如果发现接收到的某个码字中 1 的个数为奇数，则立即判断出这一码字传送中出错了，需要重传。

调制理论主要是研究提高传输效力的方法，相当于在不加大马路宽度条件下增加车流量。马路的宽窄等效于通信系统的频带宽度，频带宽度的单位是赫兹（Hz），通信效力以每赫兹带宽可传送的数码个数来衡量。好的调制技术可以将通信效力提高数十倍，1Hz 带宽可传送 10 ～ 20 bit。

信号检测理论是研究如何从噪声中提取信号。有人打了个比方：“如果没有噪声，那么，月亮上一个蚊子叫，地球上也能听到。”因为可以将信号无限放大。但通信系统中的实际情况是总是存在噪声，而且噪声总是同信号混合在一起无法分开，放大信号的同时噪声也被放大了，这时放大对突显信号毫无意义，只有当信号功率与噪声功率之比大到一定程度时接收机才能正确发现信号。信号检测理论是研究在尽可能低的信噪比情况下能发现信号，这在特定条件下对信息传输至关重要，例如宇宙通信，飞船在遥远的宇宙空间靠太阳能电池供电，不可能让发射信号功率太大，因此到达地球站的功率必然很微弱，使得地球站接收机输入端的信噪比很低，而良好的信号检测技术可以降低对信噪比的要求。目前较好的信号检测器，可以在输入信号功率是噪声功率约 4.1 倍时正确接收信号。如信噪比低于这一数值，则需要采用信号处理方法来提高信噪比；香农信息论计算出的信噪比最低极限值是 1.45，但工程实际中的设备无法达到这一极限值。

（四）通信网

当代通信一般都不是单点对单点，而是众多用户同时接入到一个网络中，任何一个用户都可以与接入网络的另一个用户通信。如固定电话网、移动通信网和互联网等，同一时刻可能有几万、几十万用户在呼叫对方，武汉的用户甲如何找到北京的用户乙，固定电话网中的用户甲如何找到移动电话网中的用户乙，这涉及网络管理、路由和信息交换等技术，同时还涉及通信网的体制结构、信号结构和通信协议等。固定电话网中的语音数据速率、信号结构与移动通信网中的语音数据速率、信号结构不同，这时要实现跨网通信除要选择路由和进行数据交换之外，还必须进行信号格式和速率的变换。上述提到的技术原理在相关专业的教学计划中有专门课程介绍，有的课程是供学生选修的。

（五）互联网的拓展

现在互联网已成为全世界信息汇聚的平台，通过互联网不但可以了解当前世界正在发生的事件，而且可以打电话（网络电话、视频电话）、看电视（IPTV）、发邮件（代替传真），同时还可以在网上购物、开视频会议等。网络已经成为人们工作、学习和娱乐的场所，也成为人们生活中不可或缺的一部分。不但计算机和各种网络终端可以接入互联网，家用电器、交通工具和各种配有网络接入信号端口的物品都可以接入互联网，称之为物联网（The Internet of Things），即“物物相连的互联网”，这样就将网络的用户端延伸和扩展到了物品与物品之间。物品接入物联网的条件主要有：要有相应信息的接收器、要有数据传输通路、要有一定的智能与信息存储功能、要能被网络唯一识别（即每一件接入网络的物品都应有一个唯一的识别码）等。物联网的发展把社会信息化推向一个新的高度。互联网正在进入下一代统一的、多网融合的互联网络，在这个演进过程中，必定会产生新的技术和理论。

三、信息处理

（一）信号处理与信息处理

信号通常是指代表消息的物理量，如电信号、光信号、磁信号等，它们是由消息经变换后得到的。在通信中通常采用的信号有两类，一类是模拟信号，另一类是数字信号。如图 1-6 所示是模拟信号波形，如图 1-7 所示是数字信号波形，它们由多个参数决定，如信号幅值、频率、持续时间等（光信号同样有这些参数）。信号的每个参数都可以由消息转换而来，如果消息是无失真变换成信号，不论是模拟信号还是数字信号，这时消息中的信息就转移到了信号中，因此此时的信号序列已经含有信息，这一信号序列就成为信息的载体。除了人脑可以直接对信息进行加工处理之外，机器只能通过对载有信息的信号序列的处理才能实现对信息的处理。

1. 信号处理

信号处理是指针对信号中的某一参数所进行的处理，如编码、滤波、插值、去噪和变换等。在处理过程中系统并未考虑信号参数所代表的信息含义，因此信号处理的系统模型可表示为信号参数→信号参数，如图 1-8 所示，即输入的是信号参数，输出的仍然是信号参数，它无法感知信号参数所代表的信息内容和信号处理后的效果。例如，手机在传送语音时，首先获取的是模拟语音波形，而后将模拟波形变成数字信号，接着将数字信号每 20ms 切割为一段，而后分析这 20ms 的语音波形参数，再接着将这一组波形参数再编码为新的数字信号。在上述处理过程中，系统机械地根据信号进行操作，从一组参数变成了另一组参数，丝毫未顾及信号中的信息，即使是在分割信号流时正好是将语音的一个音节切成两半，它也照切不误，因此手机对语音所进行的处理属于信号处理。信号处理的目的和设计要求并非服从或者服务于信息本身。上述手机对语音所进行的处理就是服从于通信系统对语音数据速率的限制，因而它不惜损伤语音信息本身。

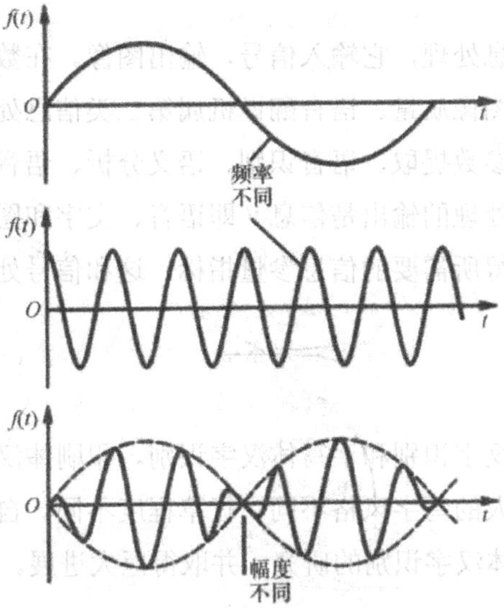

图 1-6 模拟信号波形

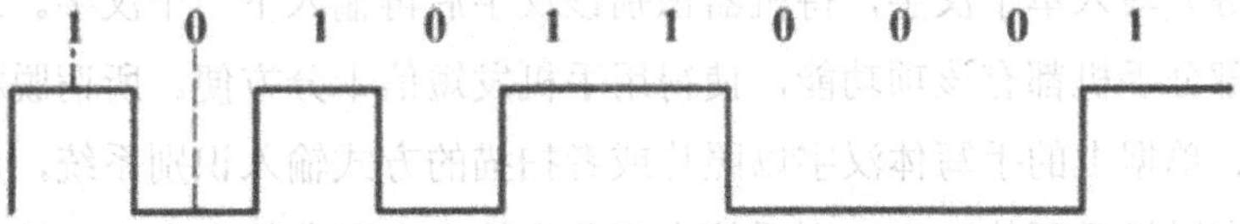

图 1-7 数字信号波形

图 1-8 信号处理模型

2. 信息处理

信息处理有两种模型，一种是信号→信息，另一种是信息→信息，如图 1-9 所示。信息处理往往要通过对信号中代表信息的相应信号参数的处理来实现。信息处理与信号处理的区别主要是引入了对信号参数的理解，对信号参数的处理目的是服从于信息本身，如要求图像清晰度高、品质好等。信息处理主要包括：信息参数提取、增强，信息分类与识别等。信息处理模块的设计与评价是以其输出信息的指标作为依据。

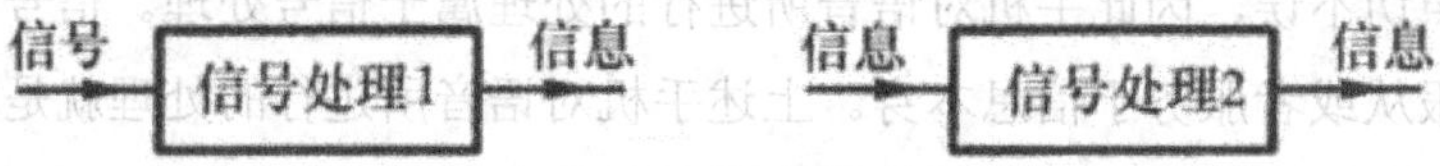

图 1-9　信息处理模型

数字电视属第一类信息处理，它输入信号，输出图像。在数字电视机中对信号进行的处理都是为了获得更好的图像质量。语言翻译机属第二类信息处理，系统中对语音信号进行的处理，如编码、语音参数提取、语音识别、语义分析、语音合成等，都是以语音信息的质量指标为前提。信息处理的输出是信息（即语音、文字和图像），信息处理系统中对信号进行处理的目的是获得所需要的信息参量指标，这和信号处理中的“信号→信号”模型是不同的。

（二）汉字识别

汉字识别分为印刷体汉字识别和手写体汉字识别。印刷体汉字识别已成熟，困难的是手写体汉字识别，因为各人的写字风格不同、行草程度不同。自 20 世纪 90 年代开始，我国 863 计划组织了对手写体汉字识别的研究，并取得巨大进展。

手写体汉字识别又分为联机手写体汉字识别和脱机手写体汉字识别。所谓联机手写体汉字识别是利用与识别系统（专用计算机或者专用汉字识别器等）相连的专用输入设备（如写字板、光笔等）写入单个汉字，待机器识别该汉字后再输入下一个汉字。这一技术已较成熟，目前大部分手机都有该项功能，使得用手机发短信十分方便。所谓脱机手写体汉字识别是将文件、单据上的手写体汉字以照片或者扫描的方式输入识别系统，由系统完成对汉字的识别。在脱机手写体汉字识别系统中又分为特定人和非特定人。非特定人手写体汉字识别是最困难的，然而经过持续多年研究，当前该项技术也已接近实用程度，系统的正确识别率可达 95% 以上，采用一般个人计算机识别速度可达 2 ～ 5 个汉字 / 秒。

（三）语音信息处理

语音信息处理包括语音识别与语音合成两方面。目前，语音信息处理技术研究已取得惊人进展，已有成熟的语音识别与语音合成芯片，不但在机器人中使用，而且已应用在智能玩具中，制造出了能听懂人说话和能说话的玩具，预计市场前景广阔。与此同时，语音研究的条件也越来越好，目前在个人电脑的最新操作系统中，有的嵌入了供研究人员通过 API 访问的语音平台，人们可以利用这一平台来研究语音信息，同时该平台还为计算机提供语音电话（Speech Server）和语音命令（Voice Command）等功能。

1. 语音识别

语音识别的第一步是将模拟语音波形数字化；第二步是从数字语音信号中提取语音参数，在这一步中要采用多种数字语音信号处理技术，如线性预测系数（LPC）分析、全极点数字滤波、离散傅立叶变换或反变换、求倒谱系数等，在学完了大学本科高等数学和数字信号处理两门课程后就可以理解上述名词的含义了；第三步是建立语音的声学模型和语音模型；第四步是根据语音参数搜索和匹配语音模型与声学模型，最后识别出语音。这其中还有很多技术细节需要考虑，由于汉语有很多同音字，因此需要利用语义分析、联想等人工智能策略来理解语音、语义。技术发展的潜力是无限的，当前语音识别所达到的水平在几年前是想象不到的，今后还将进一步发展。

2. 语音合成

如果语音识别是将语音通过数字语音处理变为文本文件，那么可以说语音合成是语音识别的逆过程，是将文本文件转换成语音，这就不难理解语音合成的原理了。采用语音合成技术可以制造出能朗读书刊、报纸的机器。

（四）图像信息处理及应用

语音信号是一维时间函数，而图像是二维的；语音信号的处理只是对数字序列进行运算，图像信号的处理是对一个平面的数据（矩阵）进行运算，因此图像信号处理的运算量比语音要大得多。图像信息处理的内容很多，包括图像去噪、增强、变换、边沿提取及图像分割、图像识别和图像理解等。图像信息处理应用十分广泛，可以说无处不在，下面仅简要介绍几个主要应用领域，如视频通信、医疗、遥感、工业交通、军事公安、机器视觉和虚拟现实等。

1. 视频通信

常见的数字视频通信设备，如可视电话、会议电视、远程教学、卫星电视、数字电视、高清晰度电视等，都离不开图像信息处理中的多项技术：获取图像、压缩编码、调制传输、图像重建和显示等。

2. 医疗

图像处理在医学界的应用也非常广泛，无论是临床诊断还是病理研究都大量采用图像处理和图像分析技术，如X射线层析摄影（CT）、核磁共振（MRI）、超声成像、血管造影、细胞和染色体自动分类等；在癌细胞自动识别中，需要测定面积、形状、总光密度、胞核结构等定量特征。可以说在现代医疗诊断中，获取、分析和处理人体某些组织的图像已成为不可缺少的手段。

3. 遥感

卫星遥感和航空测量的图像需要进行图像校正来消除卫星或飞机的姿态、运动、时间和气候条件等产生的影响，同时需要通过分析和处理才能从遥感图像中获取资源普查、矿藏勘探、耕地保护、国土规划、灾害调查、农作物估产、气象预报以及军事目标监视等信息。遥感是获取上述信息最快捷、最经济的手段。

4. 工业交通

在生产线上对产品及部件进行无损检测是图像处理技术的另一个重要应用领域。该领域自 20 世纪 70 年代以来得到了迅速的发展，推进了生产过程的自动化、信息化。在交通方面，利用车辆的动态视频或静态图像进行牌照号码、牌照颜色自动识别的技术实现交通运输信息化，方便监视车辆违章，实现不停车收费，同时还可用于汽车自动驾驶等。

5. 军事公安

军事目标的侦察、制导和警戒系统，自动灭火器的控制及反伪装等都需要用到图像处理技术；公安部门的现场照片、指纹、虹膜、面部、手迹、印章等的处理和辨识也要借助图像处理。

生物识别技术中以指纹识别的使用最为广泛。指纹识别不只是使用光学探测，目前已经进步到使用电场和静电探测手指的真实性，能有效地防止伪造、冒用、非活体的手指。自动指纹识别系统作为一种比较理想的安全认证技术，在门禁控制、信息保密、远端认证等领域已得到广泛应用。指纹识别前，需对采集得到的指纹图像进行预处理，使指纹图像画面清晰、边缘明显，以增强指纹识别的正确性。

6. 机器视觉

机器视觉作为智能机器人的重要感觉器官，主要进行三维景物理解和识别。机器视觉可用于军事侦察、危险环境的自主机器人，邮政、医院和家庭服务的智能机器人，装配线工件识别、定位，太空机器人的自动操作等。

7. 虚拟现实

虚拟现实简称 VR，它通过整合图像、声音、动画等，将三维的现实环境、物体等用二维或者三维的信号形式重构、合成和表现，给人以亲临其境之感。虚拟现实的重要应用领域是军事演习、飞行员培训等。虚拟漫游技术是虚拟现实技术的重要分支。

四、信息存储

信息存储在信息学科领域应划入计算机科学的范畴。下面介绍几种应用最广的信息存储器件：磁存储、光存储、半导体移动存储器和新一代存储器。

（一）磁存储

磁存储的主要设备是硬盘，它是计算机的外部设备。计算机将数据通过磁头变成磁信号刻录在硬盘磁体上，记录在硬盘上的数据可以擦洗后重写。硬盘的尺寸有多种规格，最小的硬盘直径只有 1.3 英寸（1 英寸 =2.54cm），可以直接插在摄像机内作为数字图像的大容量存储器。

单个硬盘的容量在不断增加。目前计算机中的硬盘容量可达 1000GB，硬盘尺寸不同，容量大小也不同。数据存取的速度决定了硬盘的转速，数据存取的速度越快，转速越高，因此高转速硬盘比低转速硬盘好。一般硬盘的转速是 5200r/min 或者 7400r/min。

（二）光存储

光存储是指计算机将数据通过激光头记录在 CD（Compact Disc）盘片上。有一次写入型 CD 盘片和多次擦写型 CD 盘片两种。不同盘片性能差别较大，目前性能较好的蓝光 DVD 盘片可保存数据 70 年，一张 DVD 盘片上可存入的数据量是 4.7 ～ 8.3GB。随着信息技术的发展，要求信息存储技术向高密度、高数据传输速率和大容量方向发展。光存储在大信息容量存储方面相对于磁存储和半导体存储有突出优势，在高清影视节目、大容量文档永久保存，海量数据存储及今后的三维影视节目播放中占据着关键的地位。通过缩短激光波长和增大光学头的数值孔径，现在的蓝光光盘容量已经达到 25 ～ 27GB，而下一代光盘的容量则可能达到 100GB 以上。

（三）半导体移动存储器

半导体移动存储器也称为闪存（Flash Memory），闪存是可擦写存储器（EEPROM）的一种，配上不同的接口电路就得到不同形式的产品。USB 移动存储器是闪存配上 USB（Universal Serial Bus——通用串行总线）接口，目前 USB 闪存的最大容量可达 16GB；闪存配上 9 针接口电路称为 SD 卡（Secure Digital Memory Card），SD 卡的外形固定为 24mm×32mm×2.1mm，和 USB 相比存取速度更快，目前 SD 卡已有 32 GB 的产品。此外还有记忆棒（Memory Stick）和 CF 卡（Compact Flash）等。

目前 USB 使用最广，其次是 SD 卡，它们已取代计算机的软盘，成为使用极广的一种移动存储器。记忆棒、CF 卡通常使用在其他一些电子设备中，如照相机等。

（四）21 世纪新一代存储器——纳米存储器、激光量子存储器

目前正在发展中的纳米存储器的存储单元尺寸在纳米级水平，采用纳米存储技术，将实现在相同几何单元内的信息存储容量提高 100 万倍。举一个形象的例子：一个大型图书馆中的所有资料，可以轻松地存放到一个不到 $2mm^2$ 的纳米存储器单元内。目前正在研究的纳米存储器有很多种，它们有不同的名称，如分子存储器、全息存储器、纳米管 RAM、微设备存储、聚合体存储等，预计纳米存储器将成为下一代存储器的新兴产业。

激光量子存储是通过阻断和控制激光来操控晶体中的原子，可以高效率和高精准度地使激光量子特性被存储、操控和忆起。采用激光量子技术可进一步研制出超快速的量子计算机，同时该技术还可以使通信绝对安全，使破译、窃听成为不可能的事情。

五、信息应用

在信息化社会的今天，可以说信息的应用已无处不在、无时不在，渗透到社会生活的各个方面、各行各业，大到政治、经济、军事、交通、传媒和金融，小到个人生活、文化娱乐和衣食住行。但是从信息科学技术的角度考查，集中研究信息应用的科学领域是自动

化与控制科学和网络信息检索等。

（一）自动控制系统中的信息利用

自动化与控制科学的研究重点是利用信息实施控制。一个控制系统必须获取信息、处理信息、传送信息和执行对被控制对象按预定目标进行某种操作，并获取操作后的系统行为信息。因而现代自动控制系统涵盖了信息科学的全部。自动控制系统可以是电的，也可以是纯机械的，但是一个复杂的控制系统，如自动化制造、自动化管理、自动化运行等往往都必须同计算机、通信相结合，因而它通常是一个复杂的电系统。当前，工业自动化正在向工业信息化的更高阶段发展，如图 1-10 所示，这是一幅信息控制与应用系统的模块化简图，它通常是一个闭环自动控制系统。

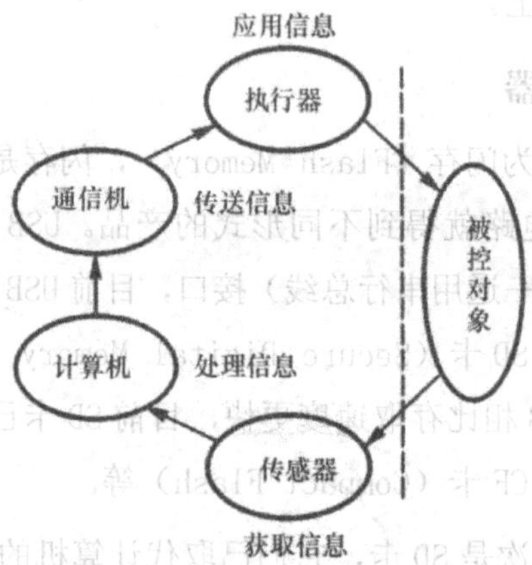

图 1-10　信息控制与应用系统简图

自动控制系统也可以是开环的，但性能比闭环控制系统差。闭环控制系统有一系列的理论问题要研究解决，如稳定性、系统响应速度和控制精度等。要研究解决这些问题必须研究系统建模（数学模型），并寻求最优的控制方法，从而构成了当代控制科学与工程的理论体系。

（二）信息检索

信息检索是信息利用的另一形式，其含义是将信息按一定方式组织和存储起来，并根据用户的需要查找出所需要的信息内容。信息化社会即信息网络化社会，社会各方面的信息都汇聚到网络中，只有在网络具备良好信息检索功能的条件下，信息才能发挥作用，社会才能共享网络资源。信息检索不仅是技术人员和科研人员学习、工作的工具，也是工、农、商、学、兵等各行各业人员从事业务活动之必需。学会如何在浩如烟海的互联网中找到有用的信息资源至关重要，它能帮助个人、企业创造财富。信息检索技术的发展对促进社会各个方面的进步产生越来越深远的影响。

信息检索包含两方面：一是信息的组织、结构和标识；二是检索系统。无论是何种内容的信息检索都要通过检索系统来进行，一个检索系统通常由检索文档、系统规则和检索设备（计算机、网络等）构成。网络信息资源是指网络上可以利用的信息资源的总和。网络信息资源的庞大、繁杂、多样，使得人们对网络信息资源的类型有着不同的划分方式，了解划分方式将有利于信息查找。一般来说，人们习惯按照传输协议的不同将网络信息资源分为以下几类。

1.WWW 信息资源

WWW资源检索工具是以万维网(WWW)上的资源为主要的检索对象，以WWW形式提供服务，是目前最受欢迎、最方便也是使用最多的服务方式。WWW 检索工具一般可分为目录型检索工具、搜索引擎检索工具及混合型检索工具。

（1）目录型检索工具

目录型检索工具指按照某种主题分类体系编制的一种可供检索的结构式目录，是一种基于人工建立的网站分类目录。目录按一定的主题分类组织，并辅之以年代、地区等分类，通过用户浏览分层目录来寻找符合要求的信息资源。目前此类检索工具的代表有雅虎、搜狐和新浪等门户网站。

（2）搜索引擎检索工具

搜索引擎检索工具是指利用网络搜索技术对互联网上的信息资源进行标引，为检索者提供检索的工具。搜索引擎通过自动定期遍历万维网、搜集网页，并对其标引，建立索引数据库；用户在检索文本框中输入检索词或检索词表达式后，系统以特定的检索算法找出相关记录，并按照相关性或者时间对其进行排序，将结果反馈给用户，如谷歌、百度等。

（3）混合型检索工具

混合型检索工具兼有检索型和目录型两种方式，既可以直接输入搜索词查找特定资源，又可以浏览目录了解某个领域范围的资源。实际上现在大部分搜索引擎同时提供了检索词检索和目录浏览两种检索方式。

2. 用户服务组信息资源

网络上各种各样的用户通信或服务组是互联网上最受欢迎的信息交流形式，包括新闻组（Usenet Newsgroup）、邮件列表（Mailing List）、电子公告牌（BBS）等。虽然名称各异，但实质都是由对特定主题有着共同兴趣的网络用户组成的论坛。

3.Gopher 信息资源

Gopher 是一种基于菜单的网络信息服务系统，它将互联网上的文件组织成某种索引，很方便地将用户从互联网的一处带到另一处。利用 Gopher 服务器，通过选择菜单项，在一级级菜单的指引下，进入子菜单或某一文件进行浏览，这些文件以树形的结构进行组织管理，用户可在这些文件树之间穿梭查找所需信息，可以跨越多个计算机系统。Gopher 协议使得互联网上的所有 Gopher 客户程序能够与互联网上的所有已注册的 Gopher 服务器进行对话。

4.Telnet 信息资源

Telnet 是指在远程登录协议 Telnet（Telecommunication Network Protocol）支持下，用户通过登录远程计算机，使用远程计算机的各种软硬件资源，如打印机、多媒体输入输出设备、超级计算机等硬件资源，也包括大型计算机程序、大型数据库等软件资源。大学图书馆和社会上许多大中型图书馆一般都建有可以远程登录查询资源的系统，通过 Telnet 方式提供联机检索目录，可以与全世界许多信息中心、图书馆及其他信息资源联系。

5.FTP 信息资源

FTP（File Transfer Protocol）是互联网使用的一种网络传输协议，其主要功能是实现文件从一个系统到另一个系统的完整拷贝，如文本文件、二进制可执行程序、科学论文、图像文件、声音文件等。可以说只要是以计算机方式存储的信息资源，都可以通过 FTP 协议的形式传递、检索。目前，网络上 FTP 服务器数量众多，用户可以通过 FTP 协议把自己的计算机与世界各地所有运行 FTP 协议的服务器相连，访问服务器上的资源信息。

6.WAIS 资源

WAIS（Wide Area Information System）能检索众多数据库中的任意一个数据，而每个数据库就是一个资源。目前，互联网上有许多免费的 WAIS 资源，涉及政治、文学、计算机科学及一些自然科学领域或商业信息等。

第三节 电子技术的发展

一、电与电子管

人们很早就知道摩擦生电的自然现象，最早可追溯到公元前。在 19 世纪 20 年代丹麦科学家奥斯特发现了电流的磁效应之后，法国科学家安培对电流和磁场之间的关系做了进一步的研究，发现了磁针转动方向和电流方向之间的关系。1831 年英国科学家法拉第发现了电和磁的相互感应现象，并奠定了发电机的理论基础，这可以说是 19 世纪最重要的发明。有了发电机，有了电，才有了 19 世纪 60 年代前后的众多发明，如电灯、电报、电话及多种电动工具，才能在 20 世纪初产生电子技术。

电子技术是从电子管开始的。1883 年爱迪生在寻找白炽灯中的灯丝材料时，发现了受热灯丝的附近存在热电子。1885 年英国电气工程师弗莱明发现：如果在灯泡里装上碳丝（称阴极）和铜板（称阳极或者屏极），则灯泡里的电子可实现从阴极到屏极的单向流动。1904 年弗莱明制成了在灯泡中装有阴极和屏极的世界上第一只电真空二极管（简称真空二极管）。真空二极管可以对交流电进行整流，使交流电变成直流电，或者称之为检波，即控制电流朝一个方向流动。真空二极管的功能是有限的，还不足以对电子技术的发展产生重大影响，标志着跨入电子技术时代大门的发明是电真空三极管（简称真空三极管）。

为了提高真空二极管的性能，20 世纪初期，美国科学家李·德福雷斯特（Lee de Forest）在真空二极管内插入一个栅栏式的金属网，发现这个栅网能十分有效地控制二极管中由阴极向屏极流动的电子数量，只要在栅网上加一个十分微弱的电流，就可以在屏极上得到比栅极电流大得多的电流，而且屏极上的电流波形和栅极上的电流波形完全一致，这就是真空三极管对信号的放大作用。真空三极管的发明使信息技术从此跨入了电子时代。此后的无线电、收音机、电视机的发明都是基于真空三极管对信号的放大原理制造出来的。在半导体三极管发明之前，真空二极管、三极管及其改进产品在电子技术领域统治了五十余年。真空三极管的内部结构及在电子线路中的表示符号如图 1-11 所示。

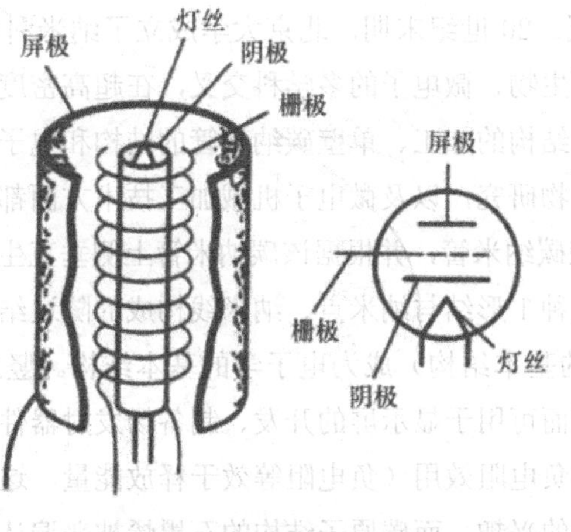

图 1-11　不同型号的真空电子管

在真空电子管原理基础上，发展出了众多其他的电真空器件，如电视机的显像管 CRT（Cathode Ray Tube）、示波器用的阴极射线示波管、摄像机用的真空摄像管等。目前显像管、示波管已被液晶等离子显示器所取代，摄像管已被 CCD 器件所取代，但电真空器件在有些设备中仍有应用，如家用微波炉中的磁控管和某些大功率高频发射机中的大功率发射管等。

二、半导体器件

（一）电子管的缺点

用电子管器件可以制造出各种类型的电子设备，也可以制造计算机。它的缺点是体积大、功耗大，需加热灯丝才能发射出电子，因此一个电子管就是一个小白炽灯。

（二）晶体管的发明

半导体晶体管的发明开创了电子科学技术的新时代。半导体是一种介于金属和非金属之间的材料，以锗和硅为代表。20世纪50年代，美国贝尔实验室的科学家在研究锗和硅的物理性质时，意外发现在一定性质的锗晶体物理结构条件下，锗晶体对信号有放大作用，随后他们制造出了世界上第一只点接触型锗晶体三极管。晶体管体积小、电量省，此后晶体管迅速取代电子管成为各类电子设备的主流器件。

三、21世纪电子新器件——纳米电子器件

纳米电子学和纳米电子器件将是微电子器件的下一次革命，纳米电子器件的功能将远远超出人们的预期，它将给人类信息科学技术的发展带来新的变革。随着固体器件尺寸变小，达到纳米（10^{-9}m=1nm）级尺寸，其中受限电子会呈现量子力学波动效应，使器件出现用经典力学无法解释的特性，而众多特性在信息电子学看来是十分有用的，从而可以供人们研究与制造新的电子器件，如纳米集成电路、纳米显示器等。

纳米电子学是当今世界电子学发展的大势所趋，全世界的众多科学家正大力开展研究工作并取得了很大进展。20世纪末期，北京大学成立了纳米科学与技术研究中心，中心通过化学、物理电子、生物、微电子的多学科交叉，在超高密度信息存储材料、纳米器件的组装和自组装、纳米结构的加工、单壁碳纳米管的结构和电子学特性研究、近场光学显微技术、纳米尺度的生物研究，以及微电子机械加工技术方面都取得了可喜的成果，发现了0.33 nm级别的单壁碳纳米管，并根据该碳纳米管上侧垂直生长的形状，得出了纳米电子器件的T形模型。这种T形结与纳米点、纳米线构成的隧道结一起，可能会替代微电子PN结（普通晶体管内的基本结构）成为电子学的基本结构。竖立起来的单壁碳纳米管本身有场致发光效用，因而可用于显示屏的开发、制备场发射器件和改进扫描探针。单壁碳纳米管很短时，出现的负电阻效用（负电阻等效于释放能量，这是微波振荡电路的物理基础）也引起了科学家们的兴趣。而碳原子结构的石墨烯被普遍认为会最终替代硅，成为纳米电子器件的理想材料。

计算机网络是计算机技术和现代通信技术相结合的产物，是随着社会对信息的共享和社会信息化的要求而发展起来的。它将地理位置不同，并具有独立功能的多个计算机系统通过通信设备和通信线路连接起来，通过使用功能完善的网络软件（即网络通信协议、信息交换方式及操作系统等）实现彼此之间的数据通信和资源的共享。

第二章　计算机网络

第一节　计算机网络的定义和功能

一、计算机网络的定义

计算机网络在不同的发展阶段或从不同的观点看有不同的定义。

ARPA 网建成后，把计算机网络定义为：以相互共享（硬件、软件和数据）资源方式而联结起来，且各自具有独立功能的计算机系统之集合。这个定义着重于应用目的，而未指出物理结构。当联机终端网络发展到计算机——计算机网时，为了区分前者和后者，从物理结构看，计算机网络被定义为：在网络协议控制下，由多台功能独立的主计算机、若干台终端、数据传输设备以及计算机与计算机间、终端与计算机间进行通信的设备所组成的计算机复合系统。这个定义强调联网的计算机必须具有数据处理能力且功能独立。

一般较公认的计算机网络的定义如下：计算机网络就是利用通信设备和线路将地理位置不同的、功能独立的多个计算机系统互联起来，以功能完善的网络软件实现软件、硬件资源共享和信息传递的系统。

这里强调了计算机网络是通信技术和计算机技术结合的产物，强调计算机网络是将处在不同地理位置的计算机进行互联，强调互联的计算机主机是具有功能独立的数据处理能力的计算机，强调互联的目的是为了实现信息传输和资源共享。

二、计算机网络的功能

计算机网络的主要目的是为用户提供一个网络环境，使用户能通过计算机网络实现资源共享和信息传递。

（一）资源共享

计算机在广大的地域范围联网后，资源子网中各主机的资源原则上都可共享。计算机网络的共享资源有硬件、软件、数据等。

硬件资源有超大型存储器、特殊的外部设备以及大型、巨型机的 CPU 处理能力等，共享硬件资源是共享其他资源的物质基础。软件资源有各种语言处理程序、服务程序和各种应用程序等。数据资源有各种数据文件、各种数据库等，共享数据资源是计算机网络最重要的目的。

在网络中，资源共享的最典型的例子就是数据中心存储系统、高性能计算中心的计算系统和云计算。数据中心存储系统由具有近百 T 的存储容量，实现企事业单位的数据集中存储、集中管理，各种应用系统的数据都以共享数据中心存储空间的方式存储在数据中心存储系统中。

高性能计算中心由具有每秒上万亿次计算能力的计算系统和相关计算业务软件构成，用户通过网络远程提交计算作业，由计算中心计算系统处理后，将计算结果输出到用户终端。所有需要计算资源的用户都可以通过网络共享高性能计算中心的计算资源。

云计算通过共享的软硬件资源和信息资源实现按用户需求提供服务，是计算机网络资源共享最令人向往的理想实现。

（二）信息传递

计算机网络的另一主要目的是信息传递。通过计算机网络可以实现文件传输、电子邮件和声音、数据、图形和图像等多媒体信息的上传和下载。

计算机网络除了以上两个主要功能外，还有以下一些功能：

1. 提高可靠性

计算机网络一般都属于分布控制方式，如果有单个部件或少量计算机发生故障，可以利用网络上的其他计算机来完成它们要完成的任务。由于相同的资源可分布在不同地方的计算机上，这样，网络可通过不同路由来访问这些资源。计算机网络中的通信双方存在多条路径可达对方，当一条通信链路故障时，从其他路径仍然可达对方，从而大大提高了通信的可靠性。

2. 分布式处理

由于计算机价格下降的速度快，在计算机网络内计算机和通信装置的价格比发生了显著的变化，这使得在计算机网络内部可以充分利用计算机资源，在计算机网络上设置一些专用服务器，专门进行某种业务的处理，把所需的各种处理功能分散到各个计算机网络上，提高处理能力和效率。

3. 改善工作环境条件

电子邮件、QQ 等通信应用使用户可以得到快捷的通信，实现全球快捷的电子通信，使世界范围的通信过程缩短到几分钟。利用即时通网络业务，可以轻松实现网上对话、视频聊天、文件传输、获取资讯等网络业务。

利用视频会议系统，可以实现可视电话、网络会议，使远隔千里的人只要坐在自己办公室的计算机旁就可以和其他网络上的用户进行会议讨论、交谈和协商。

利用计算机网络可以实现信息查询，联在网上的每一个信息库，只要是开放的，你都可以通过计算机网络去访问、查询你所需要的信息。网络的查询使得使用计算机网络可以查询世界任何与Internet相连的计算机上的信息，使世界变成一个全球性的电子图书馆。

尽管以上提出了一些计算机网络的功能，事实上，目前的互联网还远远不是我们经常说到的“信息高速公路”。这不仅因为目前互联网的传输速度仍不够快，而且更重要的是互联网还没有定型，一直在发展、变化。因此，任何对互联网的技术定义也只能是当下的、现时的。与此同时，在越来越多的人加入互联网中、越来越多领域使用互联网的过程中，也会不断地从社会、文化的角度对互联网的意义、价值和本质提出新的理解。

第二节 计算机网络的组成

一、计算机资源子网

（一）资源子网的组成

资源子网由拥有资源的主计算机、请求资源的用户终端、终端控制器、联网的外设、各种软件资源及信息资源等组成。

1. 主计算机

主计算机系统简称为主机，它可以是大型机、中型机、小型机、工作站或微机。

主机是资源子网的主要组成单元，它通过高速通信线路与通信子网的通信控制处理机相连接。普通用户终端通过主机连入网内。主要为本地用户访问网络上其他主机设备与资源提供服务，同时要为网中远程用户共享本地资源提供服务。随着微型机的广泛应用，连入计算机网络的微型机数量日益增多，它可以作为主机的一种类型，直接通过通信控制处理机连入网内，也可以通过联网的大、中、小型计算机系统间接连入网内。

2. 终端

终端是用户访问网络的界面。终端一般是指没有存储与处理信息能力的简单输入、输出设备，也可以是带有微处理机的智能终端。智能终端除具有输入、输出信息的功能外，本身还具有存储与处理信息的能力。

3. 网络中的共享设备

网络共享设备一般是指计算机的外部设备。

（二）资源子网的基本功能

资源子网负责全网的数据处理业务，并向网络用户提供各种网络资源和网络服务。

二、通信子网

通信子网主要负责计算机网络内部信息流的传递、交换和控制，以及信号的变换和通信中的相关处理工作，间接地服务于用户。它主要包括网络节点、通信链路、交换机和信号变换设备等软硬件设施。

（一）网络节点

网络节点的作用：①作为通信子网与资源子网的接口，负责管理和收发本地主机和网络所交换的信息，相当于通信控制处理机 CCP；②作为发送信息、接收信息、交换信息和转发信息的通信设备，负责接收其他网络节点传送来的信息并选择一条合适的链路发送出去，完成信息的交换和转发功能。网络节点可以分为交换节点和访问节点两种。交换节点主要包括交换机、网络互联时用的路由器以及负责网络中信息交换的设备等。访问节点主要包括连接用户计算机和终端设备的接收器、收发器等通信设备。

（二）通信链路

通信链路是指两个节点之间的一条通信信道。链路的传输媒介包括双绞线、同轴电缆、光导纤维、无线电、微波通信、卫星通信等。

（三）信号变换设备

信号变换设备的功能是对信号进行变换以适应不同传输媒介的要求。这些设备一般有将计算机输出的数字信号转变为电话线上传送的模拟信号的调制解调器、无线通信接收和发送器、用于光纤通信的编码解码器等。

三、网络硬件系统和软件系统

与计算机系统相似，计算机网络也是由硬件系统和软件系统两大部分构成的。

（一）网络硬件系统

计算机网络的硬件系统主要包括主计算机、终端、通信控制处理机、调制解调器、多路复用器、通信线路和网络互联设备等。

1. 主计算机

主计算机负责网络中的数据处理、执行网络协议、进行网络控制和管理等工作，也包括供用户共享访问的数据库的管理，它与其他主计算机系统联网后构成网络中的主要资源，它既可以是单机系统，也可以是多机系统。

2. 终端

终端是用户访问网络的设备，一般具有键盘和显示及打印功能，也可以是汉字输入 / 输出终端、智能终端、虚拟终端等。终端的主要作用是把用户输入的信息转变为适合传送的信息传送到网络上，或把网络上其他节点输出的经过通信线路的信息转变为用户所能识别的信息。

3. 通信控制处理机

通信控制处理机也称为通信控制器，在某些网络中也称为前端处理机、接口信息处理机等，它是一种在数据通信系统或计算机网络系统中执行通信控制与处理功能的专用计算机，通常由小型机或微型机组成，大型网络采用专用通信设备，其主要作用是承担通信控制和管理工作，减轻主机负担。

4. 调制解调器

调制解调器是把数据终端设备与模拟通信线路连接起来的一种接口设备。调制解调器的种类很多，有基带的、宽带的，无线的、有线的，音频的、数字的，低速的、高速的，同步的、异步的等，一般常用的就是利用电话线作为传输介质的音频调制解调器。

5. 多路复用器

采用多路复用技术可使多个信号共用一个通道，这样就能使信道容量尽可能地被充分利用。利用多路复用器可实现多路信号的同时传输，提高信道利用率。

6. 通信线路

通信线路是传输信息的载波媒体。通信线路也称为通信信道或通信链路。计算机网络中的通信线路有有线线路和无线线路两种。

7. 网络互联设备

现在大多数网络都是由一种或多种网络互联设备将两个或两个以上的网络连接起来，构成一个更大的互联网络系统。常用的网络互联设备有网桥、路由器、交换机和网关等。

（二）计算机网络软件

利用计算机网络进行通信时，需要控制信息传送的协议以及其他相应的网络软件。计算机网络软件是实现计算机网络功能所不可或缺的软环境。这是因为仅仅使用硬件进行通信就好像用 0 和 1 进行 M 进制编程那样难以实现。

1. 网络操作系统

网络操作系统是网络的心脏和灵魂，是向网络中的计算机提供数据通信和资源共享功能的操作系统。网络操作系统运行在网络硬件之上，为网络用户提供共享资源管理服务、基本通信服务、网络系统安全服务及其他网络服务。

网络操作系统与运行在工作站上的单用户操作系统或多用户操作系统因提供的服务类型不同而有所差别。一般情况下，计算机操作系统，如 DOS 和 OS/2 等，目的是让用户与系统及在此操作系统上运行的各种应用之间的交互作用最佳。而网络操作系统以使网络相关特性最佳为目的，如共享数据文件、应用软件以及共享硬盘、打印机、调制解调器、扫描仪和传真机等。

目前，有三大主流计算机网络操作系统：Windows NT、Linux 和 UNIX，另外，还有 Netware 类。

（1）Windows NT

微软公司的 Windows 系统不仅在个人操作系统中占有绝对优势，在网络操作系统中也具有非常强劲的力量。这类操作系统配置局域网最为常见，但由于对服务器的硬件要求较高，且稳定性能不是很高，所以微软的网络操作系统一般只用在中低档服务器中，高端服务器通常采用 UNIX、Linux 或 Solaris 等非 Windows 操作系统。

（2）Linux

Linux 是一种新型的网络操作系统，最大的特点是源代码开放，可以免费得到许多应用程序。目前也有中文版本的 Linux，如 Red Hat、红旗 Linux 等。在安全性和稳定性方面，Linux 得到了用户的充分肯定。

（3）UNIX

UNIX 网络操作系统历史悠久，拥有丰富的应用软件支持，功能强大，其良好的网络管理功能已为广大网络用户所接受。UNIX 采用一种集中式分时多用户体系结构，稳定性能和安全性能非常好。由于它是针对小型机主机环境开发的操作系统，多数以命令方式进行操作，不容易掌握，特别是初级用户。因此，UNIX 一般用于大型网站或大型企事业单位的局域网，小型局域网基本不使用。

（4）Netware 类

在局域网中，Netware 操作系统早年曾雄霸一方，现在气势虽然已经失去，但仍以对网络硬件的要求较低而受到一些用户的青睐。常用版本有 Netware3.11、Netware3.12 和 Netware4.10、Netware4.11 等中英文版本。由于 Netware 服务器对无盘工作站和游戏的支持较好，因此常用于教学网和游戏厅。

总的来说，对特定计算机环境的支持使得每一个网络操作系统都有适合自己的工作场合，这就是系统对特定计算机环境的支持。

2. 网络协议通信软件

为了在各网络单元之间进行数据通信，通信的双方必须遵守一套能够彼此理解、全网一致遵守的网络协议，而网络协议靠具体网络协议软件的运行支持才能工作，因此，凡是连入计算机网络的服务器和工作站都必须运行相应的网络协议通信软件。

综上所述，我们可以进一步加深对计算机网络的认识：计算机网络是运行在传输主干网之上，由用户资源子网和通信传输子网组成的一类业务网，它承载着数据交换和资源共享的任务，是国家信息基础设施中重要的组成部分。

第三节 计算机网络的分类

一、按地域范围分类

按地域范围分类，计算机网络可以分为局域网、城域网、广域网。

局域网的地域范围仅在几十米到几千米之内，主要指一个工作室、一栋大楼、一个园区范围内的网络。

城域网的地域范围仅在一个城市内的距离，100 公里以内。主要指一个城市的专门机构的网络。如每个城市的大学网络、中学网络以及政府有关管理机构的专用网络等。

广域网的地域范围是互联网络的概念，指各个城市、各个省乃至各个国家互联的网络。广域网一般要借助电信覆盖全国、全省的网络实现各个城市、各个局域网之间的互联，所以广域网主要是指电信运营商的网络。

二、按拓扑结构分类

网络中的连接模式叫作网络的拓扑结构。为了方便研究网络的拓扑结构，将网络中的主机、外部设备和通信控制处理机用抽象的节点来表示，将通信线路抽象成链路线段来表示。在网络中负责信息处理的计算机、服务器等统称为数据终端设备 DTE，负责通信控制的交换机、路由器等统称为数据通信设备 DCE。

在拓扑结构表示中，将 DTE、DCE 都抽象成节点，将所有的传输介质都抽象成线段。这样一来计算机网络被抽象成点和线的连接，这种点线连接构成的网络结构图称为网络拓扑结构图。按照拓扑结构表示，图 2-1 的网络可被表示成图 2-2 所示。

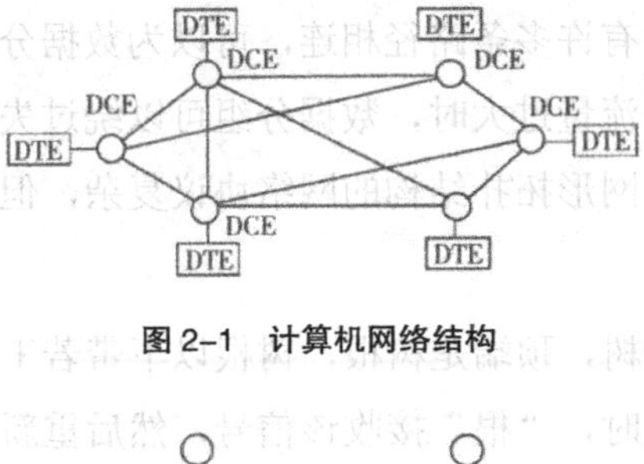

图 2-1 计算机网络结构

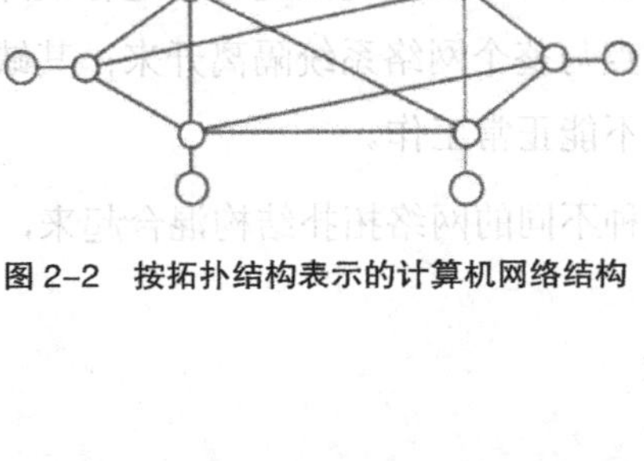

图 2-2 按拓扑结构表示的计算机网络结构

在计算机网络中，计算机互联采用全连接型构成点到点的通信是最理想的，即每一对节点之间都存在一条线路直接连接，这样使得传输速度最快，如图 2-3 所示。在全连接方式中，系统需要的链路数是节点数的平方倍，需要大量的传输线路，使得通信线路费用过高，所以在实际网络中采用全连接是不现实的。

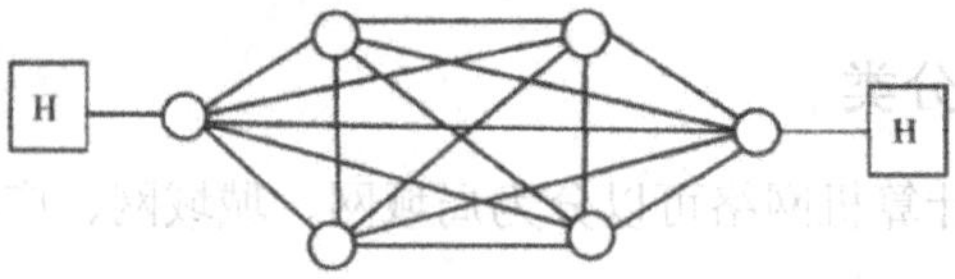

图 2-3　全连接

在实际网络中不采取全连接方式，而是采取中间转接方式。在如图 2-4 所示采用中间转接方式的网络中，Ha 主机要与 Hb 通信时，传输的数据可以从 Ha 主机出发，经 a 到 b 到 d 再到 f 的转接，仍然可以达到 Hb 主机；同样从 Ha 主机出发，经 a 到 b 到 e 再到 f 的转接，也可以达到 Hb 主机。尽管需要通信的两台主机之间没有直接的连接，但是通过中间的转接，仍然能实现数据的传输。中间转接方式需要的线路大大减少，节省了大量的通信费用，计算机网络中一般都采用中间转接方式。在局域网、城域网及广域网的拓扑结构中，中间转接方式一般多用于广域网。

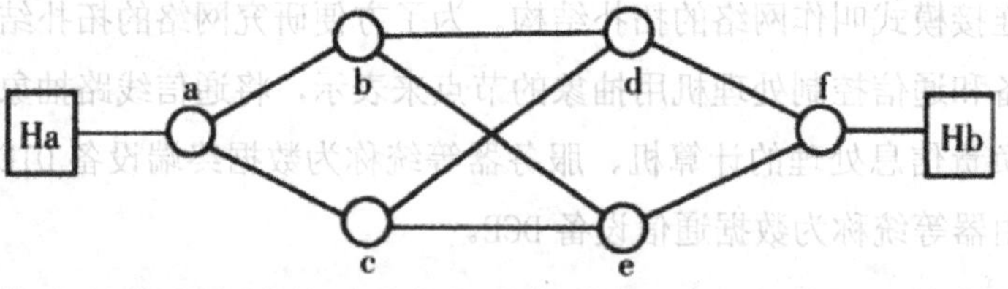

图 2-4　中间转接

按照网络拓扑分类，计算机网络拓扑有网形拓扑、树形拓扑、混合型拓扑、总线形拓扑、星形拓扑和环形拓扑。广域网的拓扑结构一般为：网形拓扑、树形拓扑、混合型拓扑。

网形拓扑由于节点之间有许多条路径相连，可以为数据分组的传输选择适当的路由，当网络某部分出故障或数据流量过大时，数据分组可以绕过失效的部件或过忙的节点，大大提高网络的传输可靠性。网形拓扑结构的网络协议复杂，但由于它的可靠性高，被广泛应用在广域网中。

树形拓扑像一棵倒置的树，顶端是树根，树根以下带若干分支，每个分支还可以再带子分支。这种拓扑的站发送时，“根”接收该信号，然后重新广播到全网。树形网容易扩充，新的节点和分支很容易加入网中。其优点是容易进行故障隔离，某一分支或节点出故障，很容易将故障分支或节点与整个网络系统隔离开来；其缺点是对“根”的依赖较大，“根”若出现故障，全网则不能正常工作。

混合型拓扑一般是将两种不同的网络拓扑结构混合起来，具有各自的优缺点。

总线形拓扑是属于共享信道的广播式网络，所有站点通过相应的接口直接连接到这一公共信道上。任何一个站发送的信息都沿着公共信道传输，而且能被所有的其他站接收。当一对站进行数据传输时，靠目的地址实现识别接收站。因为所有站共享一条公共信道，所以一个时刻只能有一个站发送信号。要发送信息的站通过某种仲裁协议（介质访问控制方法）获得使用信道的权力。网上的所有站分时地使用信道进行数据传输。总线形拓扑的优点为：结构简单、容易扩充；连接采用无源部件，有较高的可靠性。总线形拓扑的缺点为：传输距离较远时，需加中继设备来延长传输距离；由于不是集中控制，故障检测需要在网上各节点进行，故障检测不容易。

环形拓扑由站点和链接站点的链路组成一个闭合环。环中信息流向只能是单方向的。每个收到信息包的站都向它的下游站转发该信息包。信息包在环网中逐站转发，传输一圈，最后由发送站进行回收。当信息包经过目标站时，目标站根据信息包中的目标地址判断出自己是接收站，并把该信息包拷贝到自己的接收缓冲区中，完成数据包的接收。通过这样的方式，网络上的任何一对工作站可以实现数据的通信。环形拓扑的优点为：控制方式使每个站具有相等的发送权，即每个站都有相同的机会获得发送权。环形拓扑的缺点为：一旦发生断环，网络则不能工作；环形网络的连接采用的是有源部件，可靠性相对较低。

星形拓扑通过一个中央转发节点实现一对站之间的数据传输连接。中央转发节点是集中控制方式，因此中央节点相当复杂。一般使用专用交换机来实现中央转发。一对用户之间一旦建立了连接，就可实现无延迟的传输。星形拓扑的优点为：控制简单，容易做到故障诊断和隔离。星形拓扑的缺点为：中央节点故障将引起全网瘫痪。

三、按有线、无线网络分类

网络分为有线网络和无线网络。有线网络使用光纤、双绞线等传输介质实现通信，无线网络通过无线信道进行通信。企业、校园、小区的网络一般为有线网络，城市公共区域的网络一般采用无线网络，企业、校园、小区的网络建设也可以在有线网络基础上延伸无线网络，覆盖企业、校园、小区户外的公共区域，支持移动上网功能。

第四节　计算机网络体系结构

一、分层系统结构和体系结构的若干概念

（一）分层系统结构

从上面的讨论可知，计算机网络的两个基本功能涉及两个基本层次：第一个低层功能，直接与通信传输有关。它解决数据的可靠传输，处于低层的位置，低层功能的实现主要是

由通信设备和通信线路来完成。第二个高层功能，与信息处理有关，处于高层的位置，高层功能的实现主要是由计算机主机系统或设备中的软件来完成的。高层、底层的关系如图2-5（1）所示。按照这种高层、低层两个基本层次划分的概念，一个计算机网络可以分成一个面向通信的通信子网和一个面向信息处理的资源子网，如图2-5（2）所示。其中通信子网对应底层部分，资源子网对应高层部分。

通信子网和资源子网中各自要实现的功能是很复杂的，所以在网络技术中，还需将通信子网和资源子网各自的功能作进一步划分，某些功能划分成一个层次，每个层次只完成某些特定的功能。

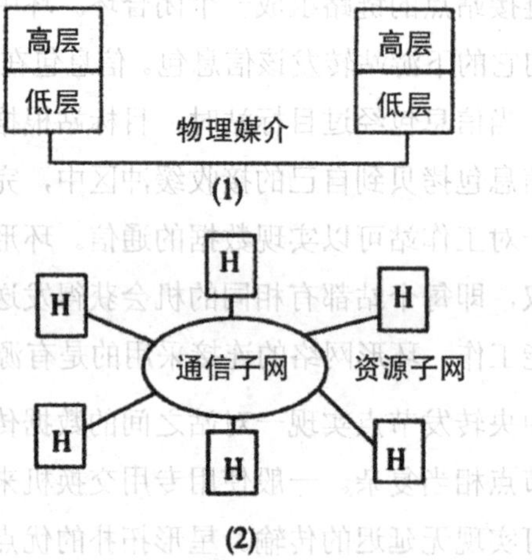

图2-5 计算机网的两个基本功能与两个层次的关系

按照OSI技术标准，一个计算机网络被划分成7个层次。其中下面4层负责数据的可靠传输，对应在通信子网部分，上面的3层负责数据处理，对应在资源子网部分，即由通信子网组成的低层被划分成4个子层，由资源子网组成的高层被划分成3个子层，这种分层又称为七层网络体系结构模型（如图2-6所示）。一个计算机网络总功能任务的实现就由若干个子层各自完成自己的子任务来最终实现。

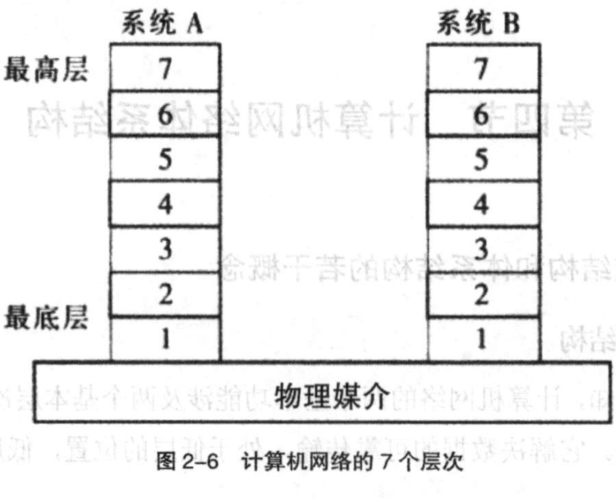

图2-6 计算机网络的7个层次

分层是一种结构化技术，它将一个复杂问题分解成若干个容易解决的子问题，是工程中常用的一种方法。分层是系统分解的最好方法之一，把网络在逻辑上看成是由若干相邻的层组成的。大体上讲，将计算机网络分成若干层次，有以下好处：

1. 各层是独立的

某一层并不需要知道它的下一层是如何实现的，而仅仅需要知道该层通过层间的接口所提供的服务是什么。

2. 灵活性好

当发生变化时，只要接口关系保持不变，则该层或以下各层均不受影响。此外，某一层提供的服务还可以修改。当不再需要某层提供的服务时，甚至可以将该层取消。

3. 结构上可分割开

各层都可以采用最适合的技术来实现。

（二）计算机网络体系结构的若干概念

1. 服务、功能与实体

计算机网络体系结构采用分层结构，每一层实现特定的功能，所有层共同实现网络的整体功能。网络各层的层次关系存在上下层之间的关系和同层间的关系。

网络上下层之间的关系是服务关系，下层为上层提供一定的服务，而各层把这种服务是如何实现的细节对上层屏蔽起来，上下层之间通过层间的接口来进行交互。结构中的每一层都完成某些特定的功能，这些功能有些是新增加的，完全不同于低层，有些则是为了增强低层的功能。以前述通信子网组成的低层和资源子网组成的高层两层结构为例，高层的功能（保证收发双方对所传信息可懂）是以其下层提供的服务（保证正确无误的传输）为基础的。下层的任务是向其上层提供无误码的信息传送，使上层往下看到的是一条“理想的无误码的通道”。至于下层是如何来做到这一点的上层并不关心亦无须知道。显然，实际的物理信息传输通路总是存在噪声干扰的，误码是客观存在的。通常的做法是在低层作误码检测，凡是发现有误码的信息，收端拒收，要求发方重传，直到无误码发生为止，只负责报告收到发来的正确信息。这种“报喜不报忧”的做法本身就将物理线路上存在误码这一事实对高层屏蔽起来了。换句话说，由于下层提供了一定的服务后，高层就不必再去考虑低层的问题，而只需考虑本层的功能就行了。

事实上，低层还可以有许多别的方法来对付差错问题。只要保证向上层提供同样的服务，它甚至可以改用别的差错控制方法，低层采用何种差错控制方法上层根本不必知道，只要低层最终能提供正确的传输即可。所以各层设计与实现的细节对上层无关紧要，重要的是能完成本层功能，为上层提供需要的服务，在这个条件下，各层的设计细节对整个网络功能、性能也不会带来影响。这种灵活性是分层结构的重要优点之一，也是各个网络产品生产厂家可以自己设计、生产自己的网络产品，但各个厂家的网络产品又能互相兼容的重要保证，如图 2-7 给出了网络的层次模型。

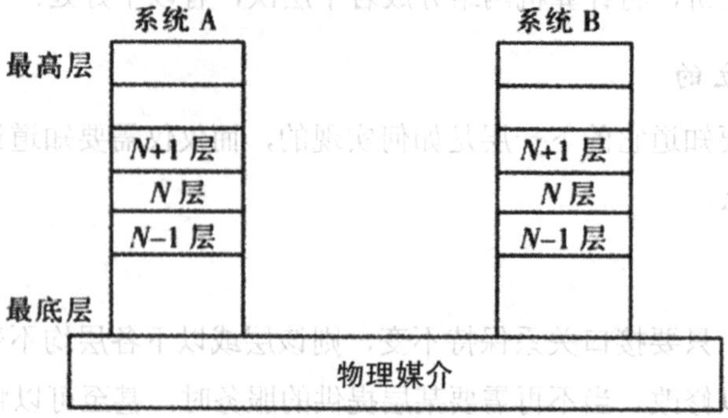

图 2–7　计算机网络的层次模型

在层次模型结构中的任意层以 N 层为标记，分别把它的下一层和上一层记为 N-1 层和 N+1 层，此标记规则同样可用来标注其他所有与层有关的概念。体系结构中服务的概念就是每一层都以某种方式在其低层提供的服务之上再附加一定的功能为上层提供服务，使整个系统的最高层能够提供网络应用所需要的服务。

功能是指 N 层完成它特定的任务需要的具体功能。每一层具体功能的实现是由该层中的软硬件来完成的，N 层中的软硬件又称为 N 层实体。

N 层是 N-1 层的用户，又是 N+1 层的服务提供者，换言之，N 层实体在它从 N-1 层所得到的 N-1 层服务之上附加了一些功能，形成向 N+1 层实体提供的 N 层服务，N+2 层的用户使用了 N+1 层提供的服务，实际上它通过 N+1 层还间接使用了 N 层的服务，并更间接地使用 N-1 层及以下所有各层的服务。

在分层结构中，除了最高层外，N 层中的各软硬件实体共同向 N+1 层实体提供服务。也就是说，通过分层，把总的问题分成若干小的问题。

分层的另一目的是保证层间的独立性。由于只定义了本层向高层所提供的服务，至于本层怎样提供这种服务则不做任何规定，因此每一层在如何完成自己的功能上都具有一定的独立性。这样一来就允许任意一层或几层在工作中做各种变动，关键是要向其高层提供同样的服务。这种方式，让各生产厂家可以独自设计实现自己的产品，在实现中，每个层内部如何实现都可以，关键是要能实现本层需要的功能，并能通过统一的层间接口，为上层提供标准的服务。

网络中的服务和功能具有这样的性质：功能是指本层而言，而服务是指本层向上一层提供的服务而言的。

2. 协议

分层将复杂的整体功能分解成了若干子功能，分而治之，逐个加以解决，简化了网络的复杂度。每一个子层都为网络上的数据传输完成自己特定的功能，通过层间的接口为上层提供服务。

网络同层之间的关系是协议关系。网络中各层功能的实现是通过和同等层进行信息传输实现的，和同等层在实现信息传输时，必须事前有一些约定，并遵循这些事前约定的规则，这些规则称为网络协议。如规定数据传输的报文格式，双方都按规定的数据报文格式进行数据传输，规定报文格式中各自字段的意义，网络层次和协议的关系如图 2-8 所示。

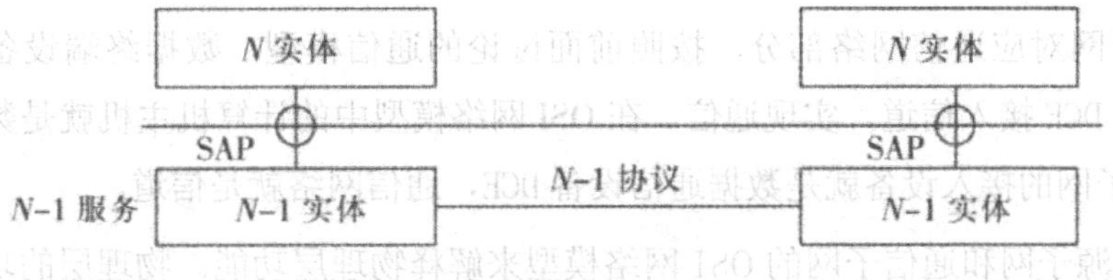

图 2-8 网络层次和协议的关系

网络协议明确规定为实现本层功能双方在信息交换时怎样表示信息格式、怎样控制信息交换、信息交换的顺序如何等。数据的格式、数据的意义、数据传输的时序，称为网络协议的三要素，它表述为：①语法，即数据与控制信息的结构和格式；②语义，即需要发出何种控制信息、完成何种动作，以及做出何种应答；③时序，即事件实现顺序的详细说明。

网络协议是计算机网络的重要组成部分。网络各层功能的实现通过各层的协议体现，讨论网络各层的功能就是讨论各层网络协议，可以这么认为：计算机网络的功能是由各层功能的组合来完成的，各层的功能实现就是由各层协议来实现的，从这个意义上来说，计算机网络的软件实现就是计算机网络的协议的集合。

N层实体之间的合作关系由N层协议来规范，N层协议协调N层实体间的工作，实现N层的功能。协议是处于同等层的双方之间的，每一层的同等层之间都有协议关系存在，如图 2-9 中N层协议表示发送方N层和N层之间的协议。同等层之间的N层协议精确地定义了各N层实体如何使用N-1层服务协同完成N层功能，并将这些功能附加在N-1层服务之上，向N+1层实体提供N层服务。

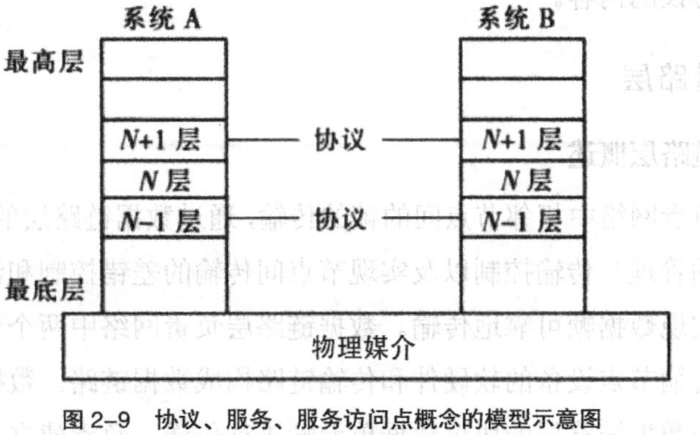

图 2-9 协议、服务、服务访问点概念的模型示意图

二、物理层

物理层位于OSI模型的最底层，物理层负责比特流的传输。物理层协议要定义为实现比特流传输采用的传输介质、设备的连接接口、采用的比特流传编码、同步方式以及实现物理链路的连接管理和传输控制。OSI对物理层的定义是在物理信道实体之间合理地通过中间系统为比特流的传输建立、维持和终止的物理连接提供机械的、电气的、功能的和规程的手段。

从OSI网络模型可知，网络由资源子网和通信子网构成，资源子网对应计算机主机部分，通信子网对应通信网络部分。按照前面讨论的通信模型，数据终端设备DTE通过数据通信设备DCE接入信道，实现通信。在OSI网络模型中的计算机主机就是数据终端设备DTE，通信子网的接入设备就是数据通信设备DCE，通信网络就是信道。

按照资源子网和通信子网的OSI网络模型来解释物理层功能。物理层的功能是在传输介质上实现比特流的传输，并在数据终端设备DTE和数据通信设备DCE间完成对数据链路（信道）的建立、维持和终止。物理层的功能是通过物理层协议来实现的。

具体地说，物理层协议的机械特性规定了为实现数据流传输，物理层连接的DTE设备与DCE设备间连接设备的插头和插座的机械形状和大小的具体标准；电气特性规定了在物理信道上传输数据流时，数据流采用什么编码，一个比特码持续多少时间（数据速率），数据流用什么电压代表“1”，用什么电压代表“0”以及设备电路的形式等电气标准；功能特性说明了DTE设备与DCE设备间的连接接口的形状、大小，连线引脚的个数和排列，每个引脚连线的功能，即哪些是用于数据传输的传输线，哪些是用于传输控制的控制线；规程特性规定了控制线上的控制信号如何实现传输控制、数据线何时进行数据传输、控制信号之间的工作顺序如何，控制连线的控制是针对信号如何实现数据传输初始阶段物理链路的建立、数据传输阶段物理链路的维持以及传输完成后物理链路的终止等控制。

物理层为实现比特流传输涉及传输介质、设备的连接接口、采用的比特流传编码、同步方式以及实现物理链路的连接管理和传输控制。这一切在物理层的传输双方都要事前有一致的约定，并在传输过程中遵循这些事前约定的规则，这些双方事前约定并遵循的一切规则构成物理层协议的内容。

三、数据链路层

（一）数据链路层概述

数据链路层负责网络中相邻节点间的帧的传输，通过数据链路层的协议完成帧的同步、节点间传输链路的管理、传输控制以及实现节点间传输的差错控制和流量控制，在不太可靠的物理链路上实现数据帧可靠地传输。数据链路层负责网络中两个节点间的数据链路上数据帧的传输，传输节点设备的软硬件和传输链路构成数据链路。数据链路层将物理层传送的比特流组织成数据链路层的协议数据单元帧进行传送，负责建立、维持和释放数据链路的链路管理任务，通过校验、确认和反馈重发等手段进行帧传输的差错控制和流量控制，实现将原始的物理链路改造成无差错的数据链路。

数据链路层的协议数据单元为帧，帧是将上层网络层的数据单元分组作为数据链路层的数据，加上数据链路层的帧头和帧尾构成数据链路层的帧（打包）。帧头和帧尾的信息有地址信息、控制信息以及实现差错控制的校验码，这些信息与数据信息一起构成帧。数据链路层的发送节点需要将上层网络层的数据单元分组作为数据链路层的数据打包成帧，以帧的数据格式向接收节点发送。在接收节点根据帧头和帧尾的信息完成数据帧的接收，然后将帧头、帧尾的这些信息取出，还原回分组交给网络层，这个过程称为解包，所以打包和解包是数据链路层的功能之一。

数据链路层的另一个功能为链路管理。链路管理就是数据链路建立、维持和拆除的操作。当网络中两个节点要进行数据帧的传输时，数据传输的两个节点要事前交换一些信息，让发送节点和接收节点以及传输链路都处于准备好数据发送和数据接收的状态，网络中这个工作阶段被称为数据链路层的建立连接。完成数据链路的建立连接后，可以进入数据传输，在数据传输阶段，两个节点需要一直处于能够发送数据和接收数据的状态，网络中这个工作阶段被称为维持连接。在数据传输结束后，两个节点可以不再处于以上状态，可以释放建立连接阶段占有的资源，网络中这个工作阶段被称为拆除连接。

数据链路原始的物理链路，由于噪声干扰等因素，在传输比特流时可能发生差错。所以数据链路层要采取差错控制发现差错，并通过纠错、重发等手段使接收端最终得到无差错的数据帧，实现将原始的物理链路改造成无差错的数据链路。另外相邻节点之间的数据传输还要防止发送数据过快导致来不及接收和处理数据帧，发生数据丢失，所以数据链路层要采取流量控制，保证数据在数据链路层的可靠接收。所以，数据链路层承担着相邻节点传输的差错控制和流量控制。

此外数据链路还要约定采用什么样的帧格式进行传输，即定义帧格式，决定如何识别一个帧的到来和结束，即实现帧同步。数据链路层涉及帧格式、帧同步方法、链路管理、差错控制和流量控制方式。这一切在数据链路层的传输双方都要事前有一致的约定，并在传输过程中遵循这些事前约定的规则，这些双方事前约定并遵循的一切规则构成数据链路层协议的内容。

（二）帧同步方式

数据链路层负责网络中两个节点间的数据链路上数据帧的传输，数据帧从发送节点传输到接收节点，接收节点要准确地接收数据帧，首先要解决数据帧的同步问题。数据帧的同步问题就是准确识别一个帧的到来（开始）和结束，从而实现帧的准确接收。数据链路层协议的帧同步一般有两种方式，即采用特殊控制字符实现帧同步和采用比特串实现帧同步。

（三）差错控制

从前面的讨论我们知道，网络需要通过差错控制来提高传输的可靠性，差错控制方式可以采用前向纠错 FEC 方式和自动请求重发 ARQ 方式。自动请求重发 ARQ 由于算法简单、实现容易，是目前数据链路层协议实现差错控制的主要方式。

在 ARQ 方式中，发送数据的成功与否通过接收端向发送端返回应答来确认，即接收端收到数据帧后经过校验根据校验结果向发送端返回肯定应答 ACK 或否定应答 NAK。当接收端返回的应答为否定应答时，说明收到的数据帧出错，发送端需要重新发送。通过出错重新发送的处理，使得最终收到的是正确的数据帧，实现了差错控制，提高了传输的可靠性。

ARQ 方式的应答情况如下：

1. 肯定应答 ACK

接收端对收到的帧进行校验无误后向发送端返回肯定应答 ACK，发送端收到此应答后知道发送成功。

2. 否定应答 NAK

接收端对收到的帧进行校验发现有错误后向发送端返回否定应答 NAK，发送端收到此应答后知道发送失败，需要重新发送该数据帧。

3. 超时控制

应答是建立在发送的帧没有丢失的情况下的，如果发送的帧在传输过程中发生丢失，接收端永远收不到该帧，也不会返回该帧的应答，于是将出现发送端永远收不到应答的情况，此时发送端将处于无意义的等待状态，这种情况在网络中是需要避免的。网络中采用超时控制来避免这种情况，在发出一个帧后启动一个计数器开始计时，在设定的时间到达时，还没有收到应答帧，则认为该帧已经丢失并重新发送该帧。

网络的数据链路层协议差错控制经常使用的 ARQ 技术有 3 种：停等法、GO-back-N 和选择性重发。

（四）流量控制

流量控制是数据链路层的重要功能，数据链路层的流量控制是限制链路上的帧的传输速率，使发送速率不超过接收速率，保证接收端的正确接收。在数据帧传输过程中，当发送速率超过接收速率时，会发生帧的丢失，导致差错发生。数据链路层的流量控制避免了这种情况的发生，进一步提高了数据链路层传输的可靠性。数据链路协议常用的流量控制方案主要有 XON、XOFF 方案和滑动窗口协议。

四、网络层

（一）网络层概述

网络层是通信子网的最高层，它是通信子网和用户主机组成的资源子网的界面，该层综合物理层、数据链路层和本层的功能向资源子网提供丰富的服务。网络层要解决的问题很多，首先是网络层向上面的运输层提供服务，其次是解决通信子网传输的路由选择、流量控制及差错控制处理等。另外，当通信的双方必须经过两个或更多的网络时，网络层还涉及网络间的互联问题。

1. 网络层的主要功能

（1）网络寻址

网络层通过网络地址标识每一个不同的网络，互联的网络通过网络地址实现寻址，使数据分组能从一个网络传输到另外一个网络。

（2）网络连接

在面向连接的服务中，完成网络连接的建立、维持和拆除。

（3）分组交换

通过通信子网内各节点的交换，将发出的分组最终转发到接收方。

（4）路由选择

在源主机到目的主机存在多条路径的网络中，选择合适的路径将分组从源主机传到所要通信的目的主机。

（5）流量控制

对进入分组交换网的通信量应加以一定的控制，避免网内发生拥挤，提高网络传输性能。

（6）差错控制

解决数据从通信子网源节点到目标节点的可靠传输。

（7）中继功能

网络互联后，通信的双方必须经过两个或更多的网络时，如果传输路径经过的网络采用了不同的传输协议，需要由中继完成不同网络之间的协议转换，这种协议转换可以通过路由器或专用的网关来实现。

（8）优先数据传送

对某些数据采用优先传送，使其不受流量控制的影响。

（9）复位或重启动

若传输的分组序号错乱、无法组装报文时，复位从第一个分组重新传送；对严重网络故障使网络无法正常传输时，重新启动，重置网络各参数。

2. 网络层提供的服务

从 OSI/RM 的角度看，网络层所提供的传输服务有两大类，即面向连接的传输服务和无连接的传输服务。

面向连接的传输服务就是通信双方在通信时要事先选择一条通信传输路径，该路径选择完成后，本次传输的所有分组都沿这条路径进行传输。面向连接的传输服务通信过程有建立连接、维持连接和拆除连接三个过程。面向连接的传输服务由于事先选定了传输路径，在数据传输过程中，各分组不需要携带目的节点的地址，只要沿着选定的传输路径就可到达目的端。从一定程度上，面向连接的传输服务类似于建立了一个通信管道，发送者在一端放入数据，接收者在另一端取出数据。面向连接的传输服务的数据传输的收发数据顺序不变，因此传输的可靠性好，但需要通信前的连接开销，协议复杂，通信效率不高。面向连接的传输服务一般适用于实时性要求不高，数据量较大的数据传输。

无连接的传输服务不要求事先选定路径，传输时，只需向目的端发送带着源端地址和目的地址的数据分组（称为数据报），通信网中的各转发节点根据分组携带的地址，进行路由选择，分组通过通信网中逐节点的不断转发，最终到达目的节点，完成传输。无连接的传输服务由于没有建立连接、维持连接、拆除连接的过程，传输中也不额外占用网络系统的其他资源，所以传输速度快，协议简单。但无连接的传输服务不能防止分组报文的丢失、重复等差错，所以可靠性相对不高。无连接的传输服务一般适合于实时性要求高、数据量较少的数据传输。

3. 网络服务质量

网络服务质量 QoS 是 OIS 用来定义通信子网网络传输服务好坏的参数。网络服务质量一般通过网络带宽、传输时延、时延抖动、分组丢失率、差错发生率等指标来衡量。网络带宽决定网络的传输速率，带宽越宽，传输速率越高；传输时延为分组从发送方到接收方的传输所用时间；时延抖动为传输分组间的时延差异；分组丢失率为分组在传输过程中发生丢失的比例；差错发生率为分组在传输过程中发生差错的比例。显然，在网络中，网络带宽越大越好，传输时延越小越好，时延抖动、分组丢失率、差错发生率越低越好。

网络服务质量越高越好，但是高质量的网络服务是要付出开销代价的，为了在服务质量与开销代价间寻找平衡，网络传输时，需要事前约定需要的网络服务质量，网络服务质量的约定通常在建立连接时由传送实体与网络实体协商确定，通常有一组参数的期望值和一组能接受的最坏值。OIS 关于网络服务质量的参数一部分已经在有关的网络协议中能找到对应关系，但另一些参数还未严格定义。

（二）虚电路、数据报

虚电路服务和数据报服务分别是网络层中的面向连接的传输服务和无连接的传输服务

的同义词。实际上，在网络层以上的各层也有两种不同的服务，即面向连接的传输服务和无连接的传输服务，只是在网络层以上各层不使用虚电路和数据报这两个名词罢了。OSI在制定各层标准中开始是多采用面向连接的传输服务，但后来随着通信子网质量的不断提高，无连接的传输服务逐渐显现出它的优越性，现在的OSI标准都是既提供面向连接的传输服务，也提供无连接的传输服务。

1. 虚电路方式

虚电路类似于电路交换，但又不同于电路交换，故称虚电路，它是综合了电路交换和存储—转发分组交换的优点的一种传输服务。从前面学习已知，电路交换方式在传输前，要为本次传输建立一条传输通路，通路建立完成后，本次传输沿着这条通路进行传输。虚电路类似于电路交换，虚电路方式在传输数据之前也要先在源主机、通信子网、目的主机之间选择一条传输路径，传输路径建立完成后，本次数据传输的各分组都沿这条固定路径按存储——转发方式进行传输。虚电路方式由于传输是沿固定路径传输，可方便地进行差错控制和流量控制，使得传输可靠性高。但由于这些控制处理的时间开销，也带来一定的传输时延。虚电路方式在传输前先要选择传输路径，这条传输路径的选择是通过建立虚电路连接来完成的。

由于虚电路以存储—转接、分组方式进行传输，所以它仍然具有存储—转接、分组传送传输延迟小，出现差错时只需重发出错的分组、重发量小、线路利用率高等优点。

2. 数据报方式

在数据报方式中，每个分组的传送就像报文交换中的报文一样也是独立处理的。在这里每一个分组被称为一个数据报，每个数据报都带有完整的地址信息，从发送节点进入网络后经各节点不断转发，每一个节点收到一个数据报后，根据各节点所存储的路由信息，为该分组选择转发的路径，把数据报原样发送到下一节点，各节点根据分组携带的目的地址逐节点向目的节点转发，最终到达目的地。

数据报方式与虚电路的主要差别在于数据报方式中，每个分组在网络中的转发传播路径完全是由网络当时的状况随机决定的，而虚电路方式是沿固定路径传输的。

（三）路由选择

网络中，通信子网在网络源节点和目的节点间提供了多条传输路径的可能性，网络节点在收到一个分组后，要确定向下一节点传送的路径，这就是路由选择，确定路由选择的策略称为路由算法。在数据报方式中，网络节点要为每个分组路由做出选择，在虚电路方式中，在连接建立时需要为本次传输的路由做出选择。设计路由算法时一般要考虑以下技术要素：

1. 根据什么因素来决定路由

可以根据最短距离 S、最少链路数 L、最短队列 Q 等来决定路由；也可以综合以上因素求最优路由。即为每种因素规定一个权 X_i，从源端到目的端的路由应该是具有最小的权之和。

$$X = X_1 \times S + X_2 \times L + X_3 \times Q$$

2. 根据路由判定的地点

可以由分布在网上的各节点决定路由，即分布式路由选择方式；也可以是集中在网上的一个中央节点收集全网的信息来决定路由，即集中式路由选择方式。

3. 根据是否利用网络的状态信息来决定路由

可以利用网络状态信息来决定路由，也可以不利用网络状态信息来决定路由。利用网络状态信息的称为动态路由选择，不利用网络状态信息的称为静态路由选择。

（1）动态路由选择策略

动态路由选择要依靠网络当前的状态信息来决定路由，选择当前能最快到达目的节点的路由为转发路径。动态路由选择能较好地适应网络流量、拓扑结构的变化，有利于改善网络的性能。但由于算法复杂，会增加网络的负担，有时会因反应太快引起振荡或反应太慢不起作用。常见的动态路由选择算法有独立路由选择、集中路由选择和分布路由选择等方式。

（2）静态路由选择策略

静态路由选择不是利用网络状态信息进行路由选择，而是按照某种固定规则进行路由选择。这种固定的规则或者是选用特殊的静态路由策略，或者是由网管员在网络建成后设定。特殊的静态路由选择算法有泛洪路由选择、固定路由选择和随机路由选择等方式。

（四）流量控制

在网络中采取流量控制是防止拥挤、阻塞的办法。网络中的拥挤又分局部性拥挤和全局性拥挤，在网络中也是通过不同层次的流量控制来解决不同的拥挤的。网络中各层的流量控制在不同的环节、不同的层次分工进行。

在数据链路层，我们讨论了基于数据链路层的流量控制，数据链路层的流量控制实现了相邻节点间的流量控制，即解决了节点间的局部性拥挤，而全局的拥挤问题则是由通信子网的源节点到目的节点的流量控制和端主机到端主机的流量控制来解决的。网络中各层的流量控制如图 2-10 所示。

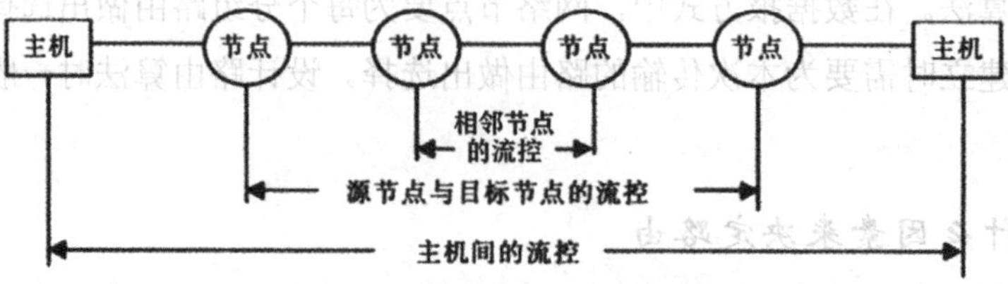

图 2-10　网络中各层的流量控制

在网络中，引起拥塞的主要原因是有限的缓存空间被占满，所以，全局性的流量控制应在缓存器方面采取措施，保证进入网络的信息流有缓存空间存放，使其能够正常转发，从而避免拥塞。

1. 端主机—端主机的流量控制

（1）传输前等待方式

在传输前等待方式中，每个端主机系统均设置有缓存区池。传输前，当源端主机和目的端主机建立通信连接时，系统就从缓存区池为这对通信分配一个最低限度的基本缓存空间，并保持到通信结束。这个分配的基本缓存空间，保证了这对端主机通信传输时的转发，避免了拥塞。如果传输信息流量较大，可根据需要再向系统动态地申请一个或多个基本缓存空间，并在使用完后，拆除连接，将占用的资源返还给系统。

（2）缓存区预约方式

在两个主机之间的通信建立后，向主机预约缓存区空间，主机将以缓存空间容量通知主机，主机就按此指定的缓存空间容量发送数据。在预约的缓存区用完后，主机要等接收主机再次发出分配缓存区的通知后，再继续发送数据。当网络采用虚电路工作方式时，主机一旦建立了一条虚电路，就完成了缓存区的预约。当采用数据报方式时，主机在收到缓存区空间的通知时，才完成缓存区的预约，才能发送数据。

如果每个主机都能可靠地执行主机——主机流控方法，那么在主机间的通信就不会产生拥挤。但是主机间的通信是通过通信子网来完成的，如果通信子网中各节点存在拥挤现象，则仍然会大大增加信息的传递时延。因此，在网络中，除了对主机——主机间的流控外，还必须对源节点——目的节点之间以及中间节点——中间节点进行流量控制。

2. 源节点—目的节点的流量控制

（1）窗口流控

当网络采用虚电路工作方式时，网络中的每一对通信节点间都存在一条虚通路。一条虚通路的分组可以通过“窗口流控”来进行控制。发送方必须按发送窗口尺寸大小来发送分组数据，在发送完这群分组后，必须等接收到的应答后，才能再发下一群分组。如果目的端节点处于拥挤状态，目的端节点可以在解除拥挤之前暂不返给应答，减少发送端进入子网的分组数目，实现流量控制。目的端节点也可以通知发送方发生拥挤，让发送方减小发送窗口尺寸，从而减少发送分组数目，实现流量控制。显然，窗口流控方式能对进网的流量加以限制，从而保证通信子网内部维持适度的信息流量，不发生拥塞。

（2）重装死锁

源节点—目的节点的流量控制需要解决的另外一个问题是重装死锁。假设发给一个端系统的报文很长，被源节点拆成若干个分组发送，目的节点收到这些分组后，需要将这些分组重新装配成报文递交给目的端系统。由于目的节点用于重装报文的缓冲区空间有限，而且它无法知道正在接收的报文究竟被拆成多少个分组，此时，就可能发生目的节点用完了它的缓冲空间，但它收到的分组仍然还不完整，无法拼装完整的报文递送给目的端系统的情况。而这时可能邻节点仍在不断地向目的节点转发分组，但由于目的节点用完了缓冲空间，使它无法接收这些分组，形成死锁，这种情况称为重装死锁。

五、传输层

（一）传输层概述

传输层是OSI体系结构中的第4层，传输层存在于通信子网以外的主机中，在下面通信子网的支持下，为用户提供可靠的端主机到端主机的数据传输服务。传输层的核心功能可以简单地归纳为以下两条：

第一，不管通信子网的质量如何，在传输层支持下，两个末端系统之间都能进行可靠的数据交换。

第二，屏蔽和隔离通信子网的技术细节，向高层提供独立于网络的运输服务。

在互联网的情况下，各个通信子网所能提供的服务往往是不一样的。为了能使通信子网的用户得到一个统一的通信服务，就有必要设置一个传输层。它弥补各个通信子网提供服务的差异与不足，使得不管通信子网的质量如何，都向网络层的用户提供一个统一服务质量的传输服务。换言之，传输层向高层用户屏蔽了下面通信的细节，使高层用户不必知道实现通信功能的物理链路是什么，数据链路采用的是什么规程，也不必知道底层有几个子网以及这些子网是怎样互联起来的。传输层使高层用户看见的就好像在两个传输层实体之间有一条端到端的可靠的通信通路。

（二）传输层服务

传输层的最终目标是利用网络层提供的服务来为用户提供有效的、可靠的和价格合理的数据传输服务。根据不同业务需求，传输层提供两种服务供选择，即面向连接的传输服务和无连接的传输服务。

面向连接的传输服务在数据交换之前，需要在两个传输实体之间建立连接，建立连接的任务之一就是在用户的请求服务和传输实体之间建立起联系，并用连接标识号加以表示，通过连接标识号使用户的服务请求指向相应的传输实体。连接建好后，传送的用户数据就可不附加完整的目标地址，只需要一个连接标识号即可。面向连接的传输中，传输双方通过连接，做好传输准备，提高了传输的可靠性。同时面向连接的传输过程中，需要确认收到的每一份报文，这种机制提供了可靠的交付，但也带来较多的时间开销。

无连接协议中每个数据报都必须带有目标用户的完整地址，独立地进行路由选择传输。无连接的传输服务在数据交换之前不需要建立连接，远地主机的传输层在收到报文后也不给出任何确认，因此无连接传输服务不提供可靠交付。但是无连接的传输服务没有连接建立、拆除等时间开销，减小了传输时延，传输效率较高。

当两个传输用户（两个主机进程）需要可靠地交换大量数据时，适合于采用面向连接的传输服务。例如传输文件一般采用面向连接的传输服务。但假如两个用户之间仅仅是交换简短的信息，且对可靠性要求不太高时，就可以选用无连接的传输服务。另一方面，如果传输间歇性短数据，显然无连接方式较优，并且百分之百的可靠无误也完全没有必要。如果要求既要可靠地发送一个短报文，又不希望经历建立连接的过程，则可选用带确认的数据报服务，即无连接带确认的服务。无连接带确认的服务类似于带回执的挂号信。

（三）传输协议类型

为了向不同通信子网提供统一的通信服务，传输层必须提供不同的服务质量，弥补各个通信子网提供服务的差异与不足。为此网络中将通信子网按服务质量划分出三种类型，并定义了五类传输协议，用户根据通信子网的服务质量匹配相应的传输协议，实现向高层用户提供统一的服务。通信子网按服务质量被划分成的三种类型定义如下：

1.A 类

具有可接受的残留差错率和故障通知率（网络连接断开和复位发生的比率），无N-RESET网络服务。该定义描述了 A 类网是一种服务质量最完美、基本无错无故障的完美服务，基于 A 类服务质量的传输层协议是很简单的。

2.B 类

具有可接受的残留差错率和故障通知率（网络连接断开和复位发生的比率），存在 N-RESET 网络服务。该定义描述了 B 类网是一种基本无差错的服务，但网络内部会因为内部拥塞、硬件故障或软件错误而发出 N-RESET 服务原语，导致系统混乱甚至崩溃。传输层协议要纠正由于 N-RESET 导致的混乱而建立新的连接，重新同步，恢复正常传输，使传输服务用户得到的始终是可靠的传输。

3.C 类

具有不可接受的残留差错率和故障通知率（网络连接断开和复位发生的比例），存在 N-RESET 网络服务。该定义描述了 C 类网是一种不可靠的服务，存在连接不可靠、有丢失和重复的分组等差错发生及会发出 N-RESET 服务原语。C 类网是一种服务质量最差的网络，基于 C 类网的传输层协议是较复杂、功能较完善的协议。

为了既经济又可靠地提供传输服务，在不同质量通信子网的支持下，需要选用不同的传输协议。传输层提供的五类传输协议如下：

0 类协议是最简单的一类，每建立一个传输连接对应地建立一个网络连接，使用 0 类传输层协议的前提是假定网络连接不出错，依靠网络层保证传输层数据的正确传输。0 类传输协议不再进行排序、流控和错误检测，它只提供建立和释放连接的机制。0 类协议是针对 A 类网络定义的。

1 类协议除包括对网络层崩溃的错误进行复位之外，其他方面与 0 类相似。如果一个传输连接使用的网络连接受到网络复位的影响，那么连接两端的两个传输实体就进行一次重新同步，然后从中断处开始继续运行，它们必须对被传输的数据编号并进行跟踪。除此之外，1 类传输协议也没有流控和纠错功能。1 类协议是针对 B 类网络定义的。

2 类协议像 0 类一样，2 类传输协议也是针对可靠的 A 类网络服务而设计的。它不同于 0 类协议之处是，其协议中允许多个传输连接共用一个网络连接（称为多路复用）。2 类协议是针对 A 类网络，但可以复用的情况定义的。

3 类协议集中了 1 类和 2 类的特点，它既允许多路复用，又能在网络复位后恢复运行。另外，它还采用了流量控制。3 类协议是针对 B 类网络，但可以复用的情况定义的。

4 类协议是针对 C 类网络而定义的。为此，4 类传输协议必须处理分组的丢失、重复、误码、错序、重复位等错误，因此采用了重传、丢失、计算校验和数据编号的措施。

第三章 现代通信技术

第一节 现代移动通信

一、移动通信介绍

（一）移动通信概述

随着社会的发展，简单的点对点固定通信方式已远远不能满足人们的要求。人们期望能够实现任何人（Whoever）、在任何地方（Wherever）、任何时间（Whenever）与任何人（Whomever）进行任何业务（Whatever）的通信，即“5W”。要实现这一目标，移动通信技术将起到关键性的作用。

顾名思义，移动通信是通信的双方或至少有一方处在运动中所进行的通信。它能够解决人们在活动中与固定终端或其他移动载体上的对象进行通信联系的要求，为人们更有效地利用时间提供了可能，从而提高工作效率，具有很大的社会效益和经济效益。移动通信的基本特征是移动，作为移动通信必须具备以下两个基本特征。

1.定位与跟踪

无论是处在通信还是处于待机状态，系统必须实时跟踪移动终端的位置信息，从而保证系统不会因用户位置改变而中断。另外，系统必须为随时进入网络的新用户提供通信服务，故移动通信系统必须具备对移动终端进行定位和跟踪的能力。

2.保持最佳接入点

移动通信中的移动终端处于多个无线基站的覆盖包围之中，因此，从系统方面和用户方面考虑都必须找到一个最佳接入点（基站）。最佳接入是指信道衰落最小、损耗特性最佳、噪声干扰最小等。实现最佳接入系统必须对终端和归属基站之间的信道特征、信号质量做连续的评估和测量，同时还要对相邻接入点的情况进行评价，并根据评价对接入点作出调整。

（二）移动通信的特点

移动通信系统包括无绳电话、无线寻呼、陆地蜂窝移动通信、卫星移动通信等。移动体之间通信联系的传输手段只能依靠无线通信。因此，无线通信是移动通信的基础，而无线通信技术的发展将推动移动通信的发展。当移动体与固定体之间通信联系时，除依靠无线通信技术，还依赖于有线通信网络技术，例如公众电话网（PSTN）、公众数据网（PDN）、综合业务数字网（ISDN）等。移动通信的主要特点如下。

1. 移动通信利用无线电波进行信息传输

移动通信中基站至用户间必须靠无线电波来传送信息。然而无线传播环境十分复杂，导致无线电波传播特性一般很差，这是由于传播的电波一般是直射波和随时间变化的绕射波、反射波、散射波的叠加，造成所接收信号的电场强度起伏不定，最大可相差 20 ～ 30dB，这种现象称为衰落。另外，移动台不断运动，当达到一定速度时，固定点接收到的载波频率将随运动速度的不同产生不同的频移，即产生多普勒效应，使接收点的信号场强、振幅、相位随时间、地点的变化而不断地变化，严重影响通信的质量。这就要求在设计移动通信系统时，必须采取抗衰落措施，保证通信质量。

2. 移动通信在强干扰环境下工作

在移动通信系统中，除了一些外部干扰（如城市噪声、各种车辆发动机点火噪声、微波炉干扰噪声等），自身还会产生各种干扰。主要的内部干扰有互调干扰、邻道干扰及同频干扰等。因此，无论在系统设计中，还是在组网时，都必须对各种干扰问题予以充分的考虑。

（1）互调干扰

所谓互调干扰是指两个或多个信号作用在通信设备的非线性器件上，产生同有用信号频率相近的组合频率，从而对通信系统构成干扰的现象。互调干扰是由于在接收机中使用“非线性器件”引起的。如接收机的混频，当输入回路的选择性不好时，就会使不少干扰信号随有用信号一起进入混频，最终形成对有用信号的干扰。

（2）邻道干扰

邻道干扰是指相邻或邻近的信道（或频道）之间的干扰，是由于一个强信号串扰弱信号而造成的干扰。如有两个用户距离基站位置差异较大，这两个用户所占用的信道为相邻或邻近信道时，距离基站近的用户信号较强，而远的用户信号较弱，因此，距离基站近的用户有可能对距离远的用户造成干扰。为解决这个问题，在移动通信设备中，使用了自动功率控制电路，以调节发射功率。

（3）同频干扰

同频干扰是指相同载频电台之间的干扰。由于蜂窝式移动通信采用同频复用来规划小区，这就使系统中相同频率电台之间的同频干扰成为其特有的干扰——这种干扰主要与组网方式有关，在设计和规划移动通信网时必须予以充分的重视。

3. 通信容量有限

频率作为一种资源必须合理安排和分配。由于适于移动通信的频段仅限于UHF和VHF，所以可用的通道容量是极其有限的。无线电频率作为一种资源十分有限。如果从电波传播特性、外部噪声和干扰等方面考虑，较适合于陆地移动通信的无线电频率范围是150MHz、450MHz、900MHz3个频段。随着移动用户猛增，移动通信系统已经向1～3GHz频段扩展。为满足用户需求量的增加，只能在有限的已有频段中采取有效利用频率措施，如窄带化、缩小频带间隔、频道重复利用等来解决。

目前常使用频道重复利用的方法来扩容，增加用户容量。每个城市要做出长期增容的规划，以利于今后发展需要。

4. 通信系统复杂

由于移动台在通信区域内随时运动，需要随机选用无线信道，进行频率和功率控制、地址登记、越区切换及漫游存取等跟踪技术，这就使其信令种类比固定网要复杂得多，在计费方式上也有特殊的要求，所以移动通信系统是比较复杂的。移动通信综合了各种通信技术，从无线系统（收发信机、天线及电波传播）到交换技术、计算机技术、组网技术等无所不包。因此，移动通信是集合多种通信技术为一体的综合通信系统。

5. 对移动台的要求高

因移动台长期处于不固定位置状态，外界的影响很难预料，如尘土、振动、碰撞等，因此要求移动台在恶劣环境中能稳定可靠地工作并具有很强的适应能力。此外，还要求移动台性能稳定可靠、携带方便、小型、低功耗及能耐高、低温等，同时，要尽量使用户操作方便，适应新业务、新技术的发展，以满足不同人群的使用，这给移动台的设计和制造带来了很大困难。

6. 存在远近效应

当两个移动台和基站的距离不同，但以相同的频率和相同的功率发送信号时，由于接收信号点和发送信号点距离不同，导致移动台之间出现近处移动台干扰远处移动台通信的现象，称为远近效应。因此，要求移动台的发射功率进行自动调整，同时因通信距离不断改变，移动台的收信机应有良好的自动增益控制功能。

7. 存在阴影区（盲区）

移动台进入某些特定区域，因电波被吸收或反射而导致收信设备收不到信号。

8. 组网技术复杂

在移动通信中必须允许移动终端在整个服务区充分自由移动。要求交换中心必须随时确定移动终端的位置，实现越区切换和漫游等服务。所以，移动通信必须具有很强的控制功能，包括信道的建立和拆除、信道的控制和分配、用户登记和定位以及越区切换与漫游等控制。

（三）移动通信业务分类

目前的移动通信业务主要有以下 7 种：

1. 汽车调度通信

出租汽车公司或大型车队建有汽车调度台，在调度员与司机之间随时保持通信联系。

2. 公众移动电话

这是与公用市话网相连的公众移动电话网。大中城市一般为蜂窝小区制，城市或业务量不大的中等城市常采取大区制。用户有车台和手持台两类。

3. 无绳电话

这是一种接入市话网的无线话机。它将普通话机的机座与手持收发话器之间的连接导线取消，而代之以电磁波在两者之间的无线连接，故称为无绳电话。一般可在 50 ～ 200m 的范围内接收或拨打电话。

4. 集群无线电话

所谓集群，是指无线电信道不是仅给某一用户群专用，而是若干个用户群共同使用。这实际上是把若干个原各自用单独频率的单工工作调度系统，集合到一个基台工作。原来一个系统单独用的频率现在可以为几个系统共用，故称为集群系统。

5. 无线电寻呼系统

无线电寻呼系统是一种单向通信系统，既可作公用也可作专用，仅规模大小有差异而已。专用寻呼系统由用户交换机、寻呼控制中心、发射台及寻呼接收机组成。公用寻呼系统由与公用电话网相连接的无线寻呼控制中心、寻呼发射台及寻呼接收机组成。

6. 卫星移动通信业务

卫星移动通信指把卫星作为中心转发台，各移动台通过卫星转发通信。它在海上、空中和地形复杂而人口稀疏的地区中实现移动通信，具有独特的优越性，很早就引起人们的注意。近年来，以手持机为移动终端的非同步卫星移动通信系统已涌现出多种设计及实施方案。其中，呼声最高的要算铱（Iridium）系统，它采用 8 轨道 66 颗星的星状星座，卫星高度为765km，另外还有全球星（Global star）系统，它采用8轨道48颗星的莱克尔星座，卫星高度约 1400km；奥德赛（Odessey）系统，采用 3 轨道 12 颗星的莱克尔星座，中轨，高度为 10000km；白羊（Aries）系统，采用 4 轨道 48 颗星的星状星座，高度约 1000km，以及俄罗斯的 4 轨道 32 颗星的 COSCON 系统。

7. 无线 LAN/WAN

随着需求的增长和技术的发展，无线局域网的应用越来越广，它的作用不再局限于有线网络的补充和扩展，已经成为计算机网络的一个重要组成部分。

WLAN 技术是目前国内外无线通信和计算机网络领域的一大热点，并且成为一个新的经济增长点，WLAN 技术的研究、开发和应用也日趋成熟。

（四）移动通信的工作方式

1. 按无线电通信工作方式划分

（1）单向通信方式

单向通信方式是一种最简单、最原始的通信方式，它以两个移动无线电台为通话对象，一个发射另一个接收。这种方式通常用在传达指令、指挥调度，也可以基地台（固定台）为一方，移动台为另一方。

（2）双向通信方式

双向通信方式，是指通信双方都可以对话，基地台（移动台）和移动台都能发送和接收，如常见的对讲机。

（3）中继通信方式

中继通信方式，是指当两个用户距离较远，或者受到地形的影响，如建筑物、高山阻挡时，可以通过中继转发台转发，以扩大移动通信的服务范围。

2. 按设备使用频率的方式划分

（1）单频单工方式

单频单工是指，一部收发信机使用一个频率，在发射时不能接收，在接收时不能发射，也就是不能同时发射与接收。这种无线电台有一端按住开关，当讲话时按下按住键（S 键），电台即处于发射状态，而对方却不能按 S 键，以使自己处在接收状态；同样，而对方讲话也要按 S 键，接收一方不能按 S 键，以此完成通话。

异频单工，是指电台接收和发送的工作频率具有一定的间隔。考虑到设备的制造成本配有 PPT 按住键，也就是发射时按下 PPT 键，以发射频率进行发射；不按 PPT 键时则处在接收状态，以接收频率进行接收。

（2）半双工方式

移动台采用异频单工的“按住”方式，它通常处于收听状态，仅在发话时按下开关 S 键使发信机工作，基站是双工方式，收发信机各用一副天线。这种工作方式收发使用两个不同的频率。集群移动通信系统大多采用半双工方式。

（3）双频双工方式

双频双工方式是指基站、移动台双方能同时工作，任一方发话的同时可以接收对方的语音，无须发话按键。基站的发射机、接收机分别使用一副天线，移动台通过双工器共用一副天线，天线双工器的作用是将发射信号与接收信号隔离，使发射机的输出功率通过天线双工器送到天线发送出去，同时该天线接收到对方发射的信号经过双工器送到接收机。发与收使用两个不同的频率。蜂窝移动通信就是采用双工制。

二、电波传播、编码、解码

（一）电波传播

由于移动通信用户是在运动中进行通信的，信号的传输和交换只能依靠无线电波。因此，无线通信是移动通信的基础。此外，移动通信还依赖于有线通信网络技术，例如公共交换电话网、公用数据网和综合业务数字网等。

移动通信技术是一种通过空间电磁波（也称无线电波）来传输信息的技术。研究无线电波传播特性是学习移动通信技术的基础，也是设计移动通信系统的必要前提。传播特性直接关系到通信设备的能力、天线高度的确定、通信距离的计算以及为实现优质可靠的通信所必须采用的技术措施等一系列问题。电磁波传播的特性是研究任何无线通信系统首先会遇到的问题。

1. 电波传播方式

移动通信电波传播的方式有：直射波、折射波、反射波、散射波、绕射波以及它们的合成波等。

直射波是指电波传播过程中没有遇到任何的障碍物，直接到达接收端的电波，它主要出现于理想的电波传播环境中。反射波是指电波在传播过程中遇到比自身的波长大得多的物体时，会在物体表面发生反射而形成的电波。反射常发生于地表、建筑物的墙壁表面等。散射波是指当电波在传播过程中遇到的障碍物表面粗糙或者体积小，但数目多时，会在其表面发生散射后形成的电波，散射波可能散布于许多方向，因而电波的能量也被分散于多个方向。绕射波是指电波在传播过程中被尖利的边缘阻挡时，会由阻挡表面产生二次波，那些到达阻挡体背面的二次波，由于地球表面的弯曲性和地表物体的密集性，使得绕射波在电波传播过程中起到了重要作用。

2. 电波传播现象

在移动通信中，由于移动台大都处于运动状态之中，电波传播环境复杂多变，电波在传播过程中会受到各种各样的干扰和影响，因而会出现严重的电波衰落现象，这是移动通信电波传播的一个基本特点。

对于不同频段的无线电波，其传播方式和特点是不相同的。在陆地移动系统中，移动台处于城市建筑群之中或处于地形复杂的区域，其天线将接收从多条路径传来的信号，再加上移动台本身的运动，使得移动台和基站之间的无线信道越发多变而且难以控制。

移动通信电波传播常会出现各种损耗。电磁波在穿透障碍物后会产生能量损耗，称为穿透损耗。在电波传播过程中，起伏的地形、建筑物，尤其是高大树木和树叶的遮挡会产生电磁场的阴影，移动台在运动中通过不同障碍物的阴影时，会造成接收天线场强中值的变化，从而引起衰落，这种衰落就称为阴影效应。

移动通信电波传播最具特色的现象是多径衰落，或称多径效应。由于无线电波在传输过程中会受到地形、地物的影响而产生反射、绕射、散射等，使电波沿着各种不同的路径传播，称为多径传播。由于多径传播使得部分电波不能到达接收端，而接收端接收到的信号也是在幅度、相位、频率和到达时间上都不尽相同的多条路径上信号的合成信号，因而会产生信号的频率选择性衰落和时延扩展等现象，这些被称为多径衰落或多径效应。

频率选择性衰落是指信号中各分量的衰落状况与频率有关，即传输信道对信号中不同频率成分有不同的、随机的响应。由于信号中不同频率分量衰落不一致，因此衰落信号波形将产生失真。

时延扩展是指由于电波传播存在多条不同的路径，路径长度不同，且传输路径随移动台的运动而不断变化，因而可能导致发射端一个较窄的脉冲信号在到达接收端时变成了由许多不同时延脉冲构成的一组信号。

移动台接收信号的强度随移动台的运动产生随机变化的现象称为衰落。这种随机变化的周期从几分之一秒到数几小时不等。移动通信电波传播中的衰落常分为慢衰落和快衰落两种。慢衰落，又称长期衰落，指接收信号强度随机变化比较缓慢的衰落，具有十几分钟或几小时的长衰落周期。慢衰落通常是由电波传播中的阴影效应以及能量扩散所引起的，具有对数分布的统计特性。快衰落，又称短期衰落或多径衰落，指接收信号强度随机变化较快的衰落，具有几秒钟或几分钟的短衰落周期。快衰落通常是由电波传播中的多径效应所引起的，具有莱斯分布或瑞利分布的统计特性。当发射机和接收机之间有视距路径时一般服从莱斯分布，无视距路径时一般服从瑞利分布。

路径损耗是上述现象的一个综合结果，指的是信号从发射天线经无线路径传播到接收天线时的功率损耗。路径损耗的一个主要原因是电波会随着距离而扩散，从而使接收机的接收功率随着传输距离的增加而降低。路径损耗的另一个原因是地表以及地表上的各种障碍物的影响，因此，影响路径损耗的主要要素有传输距离、天线高度等。

3. 电波传播的分类

当电波频率、移动体和电波传播环境不同时，电波传播特性也不相同。在对电波传播特性进行研究时，可以根据电波的频率分为甚低频（VLF）、低频（LF）、中频（MF）、高频（HF）、甚高频（VHF）、特高频（UHF）和更高频（超高频、极高频等）几种情况。其中甚高频和特高频是目前移动通信电波传播研究工作应侧重的频段。

电波传播也可以根据移动通信系统的类型，分为陆地移动通信的电波传播、海上移动通信的电波传播、空中移动通信的电波传播和卫星移动通信的电波传播等。而陆地移动通信的电波传播又可分为自由空间电波传播、建筑物内电波传播、隧道内电波传播、小区电波传播等。

另外，还可以根据电波传播的途径，分为地波传播、空间传播、电离层传播等情况。

4. 典型电波传播的分析

为什么构建无线信道模型？移动无线传播面临的是随时变化的、复杂的环境。首先，传播环境复杂，传播机理多种多样，几乎包括了电波传播的所有过程，如直射、绕射、反射、散射。其次，由于用户台的移动性，传播参数随时变化，引起接收场强、时延等参数的快速波动。因此在设计无线通信技术或进行移动通信网络建设之前，必须对信号的传播特征、通信环境中可能受到的系统干扰等进行估计，这时的主要依据就是各种不同条件下的无线信道模型。举例来说，在移动网络规划中，如果话务量分布相同，但是建筑物、植被等情况不同，那么就必须应用不同的传播模型。

5. 无线信道模型的分类

无线信道模型一般可分为室内传播模型和室外传播模型，后者又可以分为宏蜂窝模型和微蜂窝模型。

需要指出的是，由于移动环境的复杂性，不可能建立单一的模型。不同的模型是从不同传播环境的实测数据中归纳而得出的，都有一定的使用范围。进行系统工程设计时，模型的选择是很重要的，有时选择不同的模型会给出不同的结果。因此，传播环境对无线信道的特性起着关键作用。

6. 构建传播模型

无线信道模型建立得准确与否关系到无线通信技术的设计是否合理、移动网络的规划是否符合实际情况，但由于不同地点的传播环境千差万别，所以很难得到准确而通用的模型。对于无线信道进行研究的基本方法有以下 3 种。

（1）理论分析

理论信道模型即用电磁场理论或统计理论分析电波在移动环境中的传播特性，并用各种数学模型来描述无线信道。构建理论信道模型首先需要将无线传播环境进行大致分类（如大城市、中小城市、郊外），然后提出一些假设条件使信道数学模型简化，进行理论分析和推导，得出理论模型。数学模型对信道的描述都是近似的，即便如此，信道的理论模型对人们认识和研究无线信道仍可起指导作用。

（2）现场实测

现场实测是建立在大量实测数据和经验公式的基础之上，选取典型环境，进行电波传播实测试验。测试参数包括接收信号的幅度、延时以及其他反映信道特征的参数。对实测数据进行统计分析，可以得出一些有用的结果，建立经验模型。由于移动环境的多样性，现场实测一直被作为研究无线信道的重要方法。

（3）计算机模拟

它是近年来随着计算机技术的发展新出现的研究方法。如前所述，任何理论分析，都要假设一些简化条件，而实际移动传播环境是千变万化的，这就限制了理论结果的应用范围。现场实测，较为费时、费力，并且也是针对某个特定环境进行的。而计算机在硬件支持下，具有很强的计算能力，能灵活快速地模拟各种移动环境。因而，计算机模拟逐渐成为研究无线信道的重要方法。

在实际的应用中经常将以上几种方法结合使用，例如使用第二种方法得到的模型对理论推导获得的模型进行修正。

7. 传播模型的输入参数

传播模型的数学描述比较复杂，一般给出的是损耗后场强的分布函数。模型的输入参数主要有：自然地形特性、植被特性、天气状况、电磁波噪声状况、天线高度（包括接收机和发射机的天线高度）、建筑物的分布、建筑物的平均高度、载波频率、波长、收发天线之间的距离等。

（二）移动通信中的编码

1. 语音编码技术

在移动通信中，传输最多的信息是语音信号，语音信号是模拟信号。语音的编解码指在发送端将语音的模拟信号转换为二进制数字信号，到了接收端，再将收到的数字信号还原为模拟语音。语音编码技术在数字移动通信中具有相当关键的作用。

语音编码为信源编码。语音编码技术在其发展的几十年里，研究出多种方案，并且在不断地研究中日趋成熟，目前已经成为通信技术中的一个很重要的学科，在各种通信网中得到广泛的应用。

移动通信对语音编码的要求如下：①编码的速率要适合在移动信道内传输，纯编码速率应低于 16kb/s；②在一定编码速率下语音质量应尽可能高，即解码后的复原语音的保真度要高；③编解码时延要短；④要能适应衰落信道的传输，即抗误码性能要好，以保持较好的语音质量；⑤算法的复杂程度要适中，应易于大规模电路集成。

这些要求之间往往是矛盾的。例如，要求高质量语音，编码速率就应高一些，而这往往又与信道带宽有矛盾。

语音编码主要有 3 种：波形编码、参量编码和混合编码。波形编码是将时间域信号直接转换为数字代码，目标是尽可能精确地再现原来语音波形。波形编码的基本方法是抽样、量化和编码，编码速率较高时，语音质量较好。波形编码技术包括脉冲编码调制（PCM）和增量调制（ΔM）及它们的各种改进型。波形编码广泛应用于有线通信中，在频率受限的移动通信中，单纯的波形编码已经不适合。参量编码将信源信号在频率域或其他正交变换域中提取特征参量，并将其转换为数字代码进行传输，解码是从接收信号中恢复特征参量，然后根据这些特征参量重建语音信号。参量编码可实现低速率语音编码，可压缩到 2 ～ 4.8kb/s，甚至更低，但语音质量只能达到中等。线性预测编码（LPC）及各种改进型都属于参量编码。混合编码力图保持波形编码的高质量及参量编码的低速率的优点。混合编码语音信号中既包括若干语音特征参量又包括部分波形编码信息，可将比特速率压缩到 4 ～ 16kb/s，并且在 8 ～ 16kb/s 范围内达到良好的语音质量。规则码激励长期预测编码就是一种混合编码方案。混合编码适合在数字移动通信中应用。

2. 信道编码、译码

移动通信的信道是无线信道，容易受到外界干扰和噪声的影响，导致信息在传输过程中发生改变，从而在接收端接收不到完全正确的信息。信道编码的目的是试图以最少的监督码元为代价，来检查和纠正接收信息流中的错误，从而换取最大限度可靠性的提高。

信道编码的基本思想是按一定规则给信息码元 m 增加一些多余的码元（称为监督码元），使不具有规律性的信息序列 m 变换为具有某种规律性的数字序列 R，数字序列中的信息序列码元 m 与增加的多余码元之间是相关的，接收端的译码器利用这种预知的编码规则进行译码，检验接收到的数字序列 R 是否符合既定的规则，从而发现 R 中是否有错，或者纠正其中的差错。根据相关性来发现和纠正传输过程中产生的差错就是信道编码的基本思想。

人们可以从不同的角度来对信道编码进行分类，其中最常见的是从其功能和结构规律加以分类。

从功能分可以分为仅具有发现差错功能的检错码（如循环冗余校验 CRC、自动请求重发 ARQ）、具有自动纠正错误功能的纠错码（如 BCH 码、RS 码及卷积码、级联码、Turbo 码等）、具有既检错又能纠错功能的信道编码（如混合 ARQ）。

从结构上和规律上分为线性码和非线性码。线性码是指其监督关系方程是线性方程的信道编码；非线性码是指一切监督关系方程不满足线性规律的信道编码。

3. 调制技术

调制是为了使信号特性与信道特性相匹配，显然，不同类型的信道特性，将存在着不同类型的调制方式。

移动通信信道的基本特征是：第一，带宽有限，它取决于可使用的频率资源和信道的传播特性；第二，干扰和噪声影响大，主要由移动通信工作的电磁环境所决定的；第三，存在着多径衰落。针对移动通信信道的特点，已调信号应具有较高的频谱利用率和较强的抗干扰、抗衰落的能力。

在移动通信中广泛采用频率调制和相位调制，主要是由于这些调制方式能够在接收场强变动较大的情况下，获得信噪比的改善，并且在实现技术上也比较成熟。但是频率调制存在接收机门限效应，占有带宽大等问题。为了在频谱有效的前提下传送更优质的信息，将窄带数字调制技术应用于移动通信的前景甚为宽广。目前，已经发展了 PSK 和 FSK 两类改进型数字调制解调技术。

4. 分集合并技术

分集技术就是研究如何利用多径信号来改善系统的性能。它利用多条具有近似相等的平均信号强度和相互独立衰落特性的信号路径来传输相同信息，并在接收端对这些信号按照一定的规则进行合并以便大大降低多径衰落的影响，从而改善传输的可靠性。它的基本思路是：将接收到的多径信号分离成不相关的（独立的）多路信号，即选取了一个信号的两个或多个独立的采样，这些样本的衰落是互不相关的，然后将这些信号的能量按一定规则合并起来，使接收的有用信号能量最大。对数字系统而言，要求接收端的误码率最小，对模拟系统而言，要求接收端的信噪比较高。

（1）分集

分集技术已经有了非常广泛的应用，在窄带 CDMA 系统等都采用发端分集技术。分集方法有空间分集、时间分集和频率分集、角度分集等。

空间分集是指发送端采用一副发射天线，接收端采用多副天线。接收端天线之间的间隔要足够大，以保证每个接收天线输入信号的衰落特性是互相独立的。

时间分集是指将给定的信号按一定时间间隔重复传送多次（N 次），只要时间间隔大于相干时间，就可以得到 N 条独立的分集支路。

频率分集是指将信息在不同的载频上分别发射出去，要求载频间的频率间隔要大于信道的相关带宽，以保证各频率分集信号在频域上的独立性，在接收端可以得到衰落特性不相干的信号。

角度分集是使电磁波通过几个不同路径，并以不同角度到达接收端，而接收端利用多个方向性尖锐的接收天线分离出不同方向来的信号，由于这些分量具有相互独立的衰落，因而实现角度分集。

（2）合并

常用的合并技术有选择式合并、最大比值合并、等增益合并等。

选择式合并是指将 M 个接收机的输出信号送入选择逻辑，选择逻辑从 M 个接收信号中选出具有最高信噪比的基带信号作为输出信号。

最大比值合并是指将 M 个分集支路经过相位调整后，按适当的增益系数同相相加，再送入检测器进行检测。

等增益合并是指将各支路的信号等增益相加，它是最大比值合并的一种特殊情况。

三、移动通信组网

（一）移动通信网的体制

目前移动通信的频率主要集中在UHF频段。根据其电波的视距传播特性可知，一个基站发射的电磁波只能在有限的区域内被移动台接收，这个能为移动用户提供服务的范围称为无线覆盖IX，或称为无线小区。一个大的服务区可以划分为若干个无线小区；反之若干个无线小区彼此相邻可以组成一个大的服务区。如果再用专门的线路和设备将这些大的服务区相连接，就构成了移动通信网。一般来说，移动通信网的服务区域覆盖方式可分为两类：一类是小容量的大区制，另一类是大容量的小区制（蜂窝系统）。

1.小容量的大区制移动通信网

大区制是指在一个服务区域（如一个城市）内只有一个或几个基站，并由基站负责与各移动台的联络和控制。

为了扩大服务区域的范围，基站天线一般架设得很高，发射机输出功率也较大（一般在200W左右），其覆盖半径为30～50km，基本上保证在大区域范围内移动台能接收到基站发来的信号。

通常由于移动台电池容量有限，移动台发射机的输出功率较小。故移动台距基站较远时，移动台可以接收到基站发来的信号（即下行信号），但基站却不一定能收到移动台发出的信号（即上行信号）。为了解决两个方向通信不一致的问题，可以在服务区域中的若干个适当地点设立分集接收站。利用分集接收，来保证在服务区内的双向通信质量。在大区制中，为了避免相互间的干扰，在服务区内的所有信道（一个信道包含收发一对频率）的频率都不能重复，否则会产生严重的同信道干扰。因此，这种体制的频率利用率和通信容量都受到了限制，不能满足用户数量急剧增长的需要。

大区制只能适用于小容量的通信网，例如用户数在1000以下。这种制式的控制方式简单，设备成本低，适用于中小城市、工矿区以及专业部门，是发展专用移动通信网可选用的制式。在开展移动通信业务的初期，因为用户较少，话务量也不大，为节约初期工程投资，可按大区制设计考虑。但是从长期规划来说，为了满足用户数量的增长，提高频率利用率，就需采用小区制。

2.大容量的小区制（蜂窝）移动通信网

小区制就是把整个服务区划分为若干个无线小区，每个小区分别设置一个基站，负责本区移动通信的联络和控制。同时设置一个移动业务交换中心，统一控制这些基站协调工作，保证每个移动用户只要在其服务区域内，不论在哪个无线小区内，都能实现小区之间移动用户通信的转接，以及移动用户与市话用户的联系。小区制（蜂窝）是解决频率不足和用户容量问题的一个重大突破，它能在有限的频谱上提供较大的容量，而不需要做技术上的重大修改。其原理是用许多小功率发射机来代替单个大功率发射机，每一个小的覆盖区只提供服务范围内一小部分覆盖。可以把服务区域分成几个小区，每个小区各设一个小功率基站，发射功率一般为 5 ～ 20W，以满足各无线小区移动通信的需要。随着用户数的不断增加，无线小区还可以继续划小为微小区和微微小区，以不断适应用户数增长的需要。在实际中，用小区分裂、小区扇形化和覆盖区域逼近等技术来增大蜂窝系统容量。小区分裂是将拥塞的小区分成更小的小区，每个小区都有自己的基站并相应地降低天线高度和减小发射机功率。由于小区分裂提高了信道复用次数，因而使系统容量有了明显提高。小区扇形化是依靠基站方向性天线来减少同信道干扰，提高系统容量。通常一个小区划分为 3 个 120° 的扇区或 6 个 60° 的扇区。

采用小区制不仅提高了频率利用率，而且由于基站功率减小，也使相互间的干扰减少。此外无线小区的范围还可根据实际用户数的多少来确定，具有组网的灵活性。采用小区制最大的优点是有效地解决了信道数量有限和用户数增大之间的矛盾。但是这种体制，由于将无线小区范围划小，网络结构趋于复杂；各无线小区的基站之间要进行信息交换，需要有交换设备，并且各基站至交换局都要有一个中继线，会使成本增加；在移动台通话过程中，从一个小区转入另一个小区时，移动台需要经常地更换工作信道；无线小区的范围越小，通话中切换信道的次数就越多，这样对控制交换功能的要求就提高了，所以无线小区的范围不宜过小。通常需根据用户密度或业务量的大小来确定无线小区半径。

（二）信道的配置与选取控制

1. 多信道共用技术

一个无线小区内，通常使用若干个信道。用户工作时占用信道的方式可分为独立信道方式和多信道共用方式。

若一个小区有 N 条信道，将用户也分成 N 组，每组用户分别被指定在某一信道上工作。不同组内的用户不能互换信道，即使移动用户具有多信道选择能力，也只能在规定的那个信道上工作。这种用户占用信道的方式称为独立信道方式。当该信道被某一用户占用时，在通话结束之前，属于该信道的所有其他用户都不能再占用该信道通话。而此时很可能其他一些信道正在空闲。这样就造成了有些信道在紧张“排队”，而另一些信道却呈空闲的状态。显然，独立信道方式的信道利用率不高。

所谓多信道共用，就是一个小区内的 N 条信道为该小区所有用户共用。当其中一些信道被占用时，其他需要通话的用户可选择其余的任一空闲信道进行通话。因为任何一个移动用户选取空闲信道和占用信道的时间都是随机的。所有信道同时被占用的概率远小于一个信道被占用的概率。因此，多信道共用可以大大提高信道的利用率，使用户通话的阻塞率明显降低。

2. 信道配置

移动通信的基站都采用多信道共用方式，由这些信道组成的一个信道组的频率配置应遵循一定的规则，以避免各种可能的干扰。为了在一个小区内容纳更多的用户，必须以一定的形式划分信道并分配给用户使用。

不论是大区制还是小区制的移动通信网，只要基站为多信道工作，都需要研究信道配置的问题。大区制单基站的通信网，根据用户业务量的多少，需设置若干个信道，这些信道应按一定的规则配置，以避免相互干扰；小区制多基站的通信网，信道的配置有更为严格的限制，信道分配中主要解决 3 个问题，即信道组的数目（群内小区数）、每个小区的信道数目和信道的频率指配。

信道的分配法主要有两种：固定信道分配法和动态信道分配法。

（1）固定信道分配法

固定信道分配法就是将某一组信道固定配置给某一基站，这种分配方法只能适应移动静业务分布相对固定的情况。目前的蜂窝系统普遍采用固定信道频率分配法。

固定信道分配法的优点是：各基站只需配置与所分配的信道相应的设备，控制简单。但是，当一个无线区的信道全忙时，即使邻区的信道空闲也不能使用，该信道的利用不够充分。尤其是当移动用户相对集中时，将会导致呼损率的提高。

固定信道分配方法主要有两种：分区分组配置法和等频距配置法。

分区分组配置法所遵循的原则是：尽量减小占用的总频段，以提高频段的利用率；在同一区群内不能使用相同的信道，以避免同频道干扰；小区内采用无三阶互调的相容信道组，以避免互调干扰。

等频距配置法是按等频率间隔来配置信道的，只要频距选得足够大，就可以有效地避免邻道干扰。这样的频率配置可能正好满足产生互调的频率关系，但因为频距大，干扰易于被接收机输入滤波器滤除而不易作用到非线性器件上，这也就避免了互调的产生。等频距配置时可根据群内的小区数 N 来确定同一信道组内各信道之间的频率间隔。

（2）动态信道分配法

事实上，移动台业务的地理分布是经常发生变化的，如早晨从住宅区向商业区移动，晚上又从商业区向住宅区移动，另外，当发生交通事故或集会时又向某一地方集中，这时，此处的某一小区业务量增大，原来配置的信道可能不够用了，而相邻小区业务量小，原来配置的信道可能有空闲，小区之间的信道又无法相互调剂，因此频率利用率不高，这就是固定配置信道的缺陷。为了进一步提高频率利用率，使信道的配置能随移动通信业务量地理分布的变化而变化，动态信道分配方法不是将信道固定地分配给某个无线区，而是很多个无线区都可以使用同一信道。每个无线区使用的信道数是不固定的，当某一时刻业务量大时，使用的信道数就多，否则就少，从而达到增大系统容量和改善通信质量的目的。

（三）数字蜂窝移动通信的交换技术

数字蜂窝移动通信网总是通过移动业务交换中心与公用电话网互连的，因此数字蜂窝移动通信网也是一种交换式通信网。通信网上两个终端每次成功地通信都必须包括3个阶段，即呼叫建立、消息传输和释放。数字蜂窝移动通信的交换技术也包括这3个过程。但是数字蜂窝移动通信网的用户是移动的，所以在呼叫建立过程中应首先确定用户所在位置，在每次通话过程中，系统还要一直跟踪每个移动用户位置的变化。另外数字蜂窝移动通信网为了扩大系统的通信容量，采用小区制组网技术和频率复用技术，因此在跟踪用户移动的过程中，必然会从一个无线小区越过多个无线小区，发生多次越区信道切换，以及不同网络间切换或不同系统间的切换。这些技术问题也称为用户移动性管理和网络移动性管理问题。数字蜂窝移动通信的移动业务交换中心除具备公网交换设备外还要增加用户移动性管理设备，如用户位置登记（不是一次性位置登记，而是每次开机后根据网络管理的要求进行许多次登记），越区切换和网络移动性管理，如网内位置区划分、用户位置更新、用户定位、越区切换和漫游切换等。下面主要介绍呼叫建立过程和越区切换。

1. 数字蜂窝移动通信呼叫建立过程

（1）移动台主呼

移动台首先搜索专用控制信道，当获悉控制信道空闲时，即可通过此信道发出呼叫信号（包括其自身的识别号码、被呼用户号码等）。基站收到这些信号后转送至移动控制交换中心，经识别后即为移动台指配一个基站，此时空闲的信道给移动用户使用，这些信息由基站转发给移动台。同时，控制交换中心对基站的有线线路进行导通试验，若试验结果良好，即可进行其他交换处理。若被呼用户为本移动局内的用户，则直接进行交换处理；若为固定网用户，则接入固定网，以后的处理与固定网的处理相同。

（2）移动台被呼

移动控制交换中心收到受呼信号之后，经识别并确认被呼用户此时不在通话，则在该中心控制区的所有基站，通过专用控制信道一起发出呼叫信号（包括被呼移动台的识别号码和信道指配代号等）。有时可能移动台暂时未收到这个呼叫信号，因此当没有收到移动台的应答时，基站应在一段时间内多次重复发送此呼叫信号。不在通话的移动台是锁定在专用控制信道上的，当收到此呼叫信号后即判别是否呼叫本机，若判定为呼叫本机，则发出应答信号，并转入所指配的语音信道。交换控制中心收到某一基站转来的应答信号之后即停止发送呼叫信号，接通线路，开始计费。若多次呼叫仍无应答（可能被叫用户离开本服务区或未开机等），则通知主呼用户此次呼叫失败，不能建立通信。

（3）位置登记

呼叫移动用户时，应当根据被呼用户的位置进行，以免进行无效的呼叫。为此，可将整个业务区划分为若干个位置登记区。每一用户在某一位置登记区登记，称为它的归属区。各位置登记区中，都在其专用控制信道中发出地区识别号。移动台也存有其归属区的识别号。移动台进入新的基站控制区，首先要检测基站发出的地区识别号，与本机存有的地区识别号相对照，若发现自己已越区，应立即向基站发出包含有本机识别号码和归属区识别号码的位置登记信号。基站收到这个位置登记信号后即转送控制交换中心，让其在中心存储器中改写该移动台的位置信息，并通知移动台也改写其存储的地区识别号。

（4）通话过程中的越区信道切换

在通话中，基站不断对移动台的通话信道进行监测。当移动台逐渐接近该无线小区的边缘时，基站可检测到接收电平下降，应当立即上报移动交换控制中心，移动交换控制中心立即指令周围基站开始检测该移动台信号的接收电平并上报。移动交换控制中心判定接收电平最高的基站为移动台进入的小区，随机选取该小区的空闲无线信道，经试验确认线路良好之后，令移动台从原小区的无线语音信道切换到新小区的无线语音信道进行通信，同时原小区的通话信道切断，转为空闲信道，新小区的指配信道供移动用户使用。这样就完成了通话中的信道切换，全部操作是在移动台用户没有觉察、不影响正常通话的情况下完成的。

2. 越区切换

越区切换是指将正在进行的移动台与基站之间的通信链路从当前基站转移到另一个基站的过程，又称过区切换。通常发生在移动台从一个基站覆盖的小区进入另一个基站覆盖的小区的情况下。

越区切换分为两大类：一类是硬切换，另一类是软切换。硬切换是“先断开，后连接”。即在新的连接建立以前，先中断旧的连接。而软切换则是“先连接，后断开”，既维持旧的连接，又同时建立新的连接，并利用新、旧链路的分集合并改善通信质量，当与新基站建立可靠连接之后再中断旧链路。在越区切换时，可以仅以某个方向（上行或下行）的链路质量为准，也可以同时考虑双向链路的通信质量。

研究越区切换所关心的主要性能指标为：越区切换的失败概率、因越区失败而使通信中断的概率、越区切换的速率、越区切换引起的通信中断的时间间隔以及越区切换发生的时延等。

（1）越区切换的准则

通常是根据移动台接收的平均信号强度、移动台的信噪比、误比特率等参数来决定何时需要进行越区切换。常用的准则有以下 4 种：

①相对信号强度准则。在任何时间都选择具有最强接收信号的基站。这种准则的缺点是会引发很多不必要的越区切换。

②具有门限规定的相对信号强度准则。仅允许移动用户在当前基站的信号低于某一门限，且新基站的信号强于本基站的信号时，才进行越区切换。

③具有滞后余量的相对信号强度准则。仅允许移动用户在新基站的信号强度比原基站信号强度大很多时才进行越区切换。该技术可以防止由于信号波动引起的移动台在两个基

站之间的来回重复切换，即“乒乓效应”。

④具有滞后余量和门限规定的相对信号强度准则。仅允许移动用户在当前基站的信号电平低于规定门限，并且新基站的信号强度高于当前基站一个给定滞后余量时进行越区切换。

（2）越区切换的控制策略

越区切换控制包括两个方面：一个是越区切换的参数控制，另一个是越区切换的过程控制。参数控制前面已经介绍过，下面主要讨论过程控制。在移动通信系统中，过程控制的方式主要有以下 3 种。

①移动台控制的越区切换。在这种方式中，移动台连续监测当前基站和其他候选基站的信号强度和质量。当满足某种越区切换准则时，移动台选择具有可用业务信道的最佳候选基站，并发送切换请求。

②网络控制的越区切换。在这种方式中，基站监测来自移动台的信号强度和质量，当信号强度低于某个门限时，网络开始安排向另一个基站的越区切换。网络要求移动台周围的所有基站都监测该移动台的信号，并把测量结果报告给网络。网络从这些基站中选择一个基站作为越区切换的新基站，把结果通过旧基站通知移动台并通知新基站。

③移动台辅助的越区切换。在这种方式中，网络要求移动台测量其周围基站的信号质量并把结果报告给旧基站，网络根据测试结果决定何时进行越区切换以及切换到哪一个基站。

第二节 现代数字微波通信技术

一、数字微波通信概述

（一）数字微波通信概念

1. 微波的频率

频率在 300MHz ～ 300GHz（波长为 1mm ～ 1m）范围内的电磁波称为微波，分米波、厘米波、毫米波统称为微波，微波也是一种电磁波，和光波一样都是由电场和磁场组成的，只是频段不同。由于各波段的传播特性不同，因此可用于不同的通信系统。例如中波主要沿地面传播，绕射能力强，适用于广播和海上通信；短波具有较强的电离层反射能力，适用于环球通信；超短波和微波绕射能力差，可用于视距或超视距中继通信。

2. 微波通信

利用微波作为传输媒介的通信方式，称为微波中继通信。由于微波具有与光波相似的沿直线传播的特性，通常只能在两个没有障碍的点间（视线距离内）建立点对点通信，故称为视距通信。如要在超视距的两个点或多点间建立微波通信，必须采用中继方式。为此，可采用多个微波接力站实现中继，或采用对流层的散射实现中继，或采用卫星实现微波中继。

显然，微波通信是指利用微波波段的电磁波作为载波进行通信的一种通信方式；而数字微波通信则是指利用微波频段的电磁波传输数字信息的一种通信方式。微波通信只是将微波作为信号的载体，与光纤通信中将光作为信号传输的载体是类似的。简单地说，光纤通信系统中的发射模块和接收用的光电检测模块类似于微波通信中的发射和接收天线。只是微波信道是一种无线信道，相比于光纤，传输特性要复杂一些。

3. 微波通信的常用频段

微波既是一个很高的频率，同时也是一个很宽的频段，在微波通信中所使用的频率范围一般在 1 ～ 40GHz。

4. 微波通信的起源和发展

微波技术由于具有通信容量大且投资费用低、建设速度快、安装方便和相对成本低、抗灾能力强等优点而得到迅速的发展。20 世纪 40 年代到 50 年代产生了传输频带较宽、性能较稳定的模拟微波通信，成为长距离大容量地面干线无线传输的主要手段，其传输容量高达 2700 路，而后逐步进入中容量乃至大容量数字微波传输。20 世纪 80 年代中期以来，随着同步数字序列（SDH）在传输系统中的推广使用，数字微波通信进入了重要的发展时期。目前，单波道传输速率可达 300Mbit/s 以上，为了进一步提高数字微波系统的频谱利用率，使用了交叉极化传输、无损伤切换、分集接收、高速多状态的自适应编码调制解调等技术，这些新技术的使用将进一步推动数字微波通信系统的发展。因此，数字微波通信和光纤通信、卫星通信被称为现代通信传输的三大支柱。

5. 微波通信系统的分类

根据所传基带信号的不同，微波通信系统可以分为如下两大类：

（1）模拟微波通信系统

模拟微波通信系统采用频分复用（FDM）方式来实现多个话路信号的同时传输，合成的多路信号再对中频进行调频。因此，最典型的微波通信系统的制式为 FDM-FM。模拟微波通信系统主要传输电话和电视信号，石油、电力、铁道等部门，常建立专线，传输本部门内部的遥控、遥测信号和各种业务信号。

（2）数字微波通信系统

在数字微波通信系统中，模拟的语言和视频信号首先被数字化，然后采用数字制式的方式，通过微波载波进行传输。为了扩大传输容量和提高传输效率，数字微波通信系统通常要将若干个低次群数字信号以时分复用（TDM）的方式合成为一路高速数字信号，然后再通过宽带信号传输。

（二）数字微波通信的特点及应用

1. 微波通信的主要特点

（1）微波频段频带宽，传输容量大

微波频段有近 300GHz 的带宽，占据了分米波、厘米波和毫米波三个波段，通信的容量比较大。

（2）适于传输宽频带信号

与短波、甚短波通信设备相比，在相同的相对通频带下，载频越高，通频带越宽。例如，相对通频带为 1%，当载频为 4MHz 时，通频带为 40kHz；而当载频为 4GHz 时，通频带为 40MHz。因此，一套短波通信设备一般只能容纳几条话路，而一套微波通信设备可容纳成千上万条线路同时工作。

（3）天线的增益高，方向性强

由于微波的波长很短，因此很容易制成高增益天线。另外，微波频段的电磁波具有近似光波的特性，因而可以利用微波天线把电磁波聚集成很窄的波束，制成方向性很强的天线。

（4）外界干扰小，通信线路稳定

天电干扰、工业噪声和太阳黑子的变化对短波和频率较低的无线电波影响较大，而微波频段频率较高，不易受以上外界干扰的影响，通信的稳定性和可靠性得到了保证。而且，微波通信具有良好的抗灾性能，对水灾、风灾以及地震等自然灾害，微波通信一般都不受影响。

（5）采用中继传输方式

微波波段的电磁波频率很高，波长较短，在自由空间传播时是直线传播的，就像视线一样。因此，微波波段的电磁波在视距范围内沿直线传播，其绕射能力很弱，考虑到地球表面的弯曲，其通信距离一般只有 40 ～ 50km。正因为如此，在一定天线高度的情况下，为了克服地球的凸起而实现远距离通信就必须在视距传输的极限距离之内设立一个中继站，中继站会把信号传往下一个中继站，这样信号被一站一站地传输下去。

2. 数字信号微波传输的主要特点

数字微波通信既具有数字通信的特点，又具有上述微波通信的特点。由于传输的是数字信号，所以数字微波通信系统具有的特点包括：①抗干扰能力强，线路噪声不会积累；②便于加密，保密性强；③终端设备采用大规模集成电路，所以设备的体积小、重量轻、功率低。

3.数字微波通信系统的应用

与光纤通信和卫星通信这两种传输手段相比，微波通信具有组网灵活、建设周期短、成本低等优点，特别适合于在山区、铁路等铺设光缆不便的地方使用，目前主要应用在四个方面：

（1）干线光纤传输的备份及补充

点对点的SDH微波、PDH微波主要用于干线光纤传输系统在遇到自然灾害时的紧急修复，以及由于种种原因不适合使用光纤的地段和场合。

（2）农村、海岛等边远地区和专用通信网

在农村、海岛等边远地区和专用通信网中为用户提供基本业务的场合，可以使用微波点对点、点对多点系统，微波频段的无线用户环路也属于这一类。

（3）城市内的短距离支线连接

如移动通信基站之间、基站控制器与基站之间的互联、局域网之间的无线联网等，既可使用中小容量点对点微波，也可使用无须申请频率的微波数字扩频系统。

（4）宽带无线接入

宽带无线接入（如LMDS）技术以投资少、见效快、组网灵活等优势，在接入市场具有较强的竞争力，并能在日趋激烈的高速数据业务竞争中快速占领有效市场。

作为宽带固定无线接入系统的代表，LMDS（本地多点分配业务）技术已日益成熟。LMDS是20世纪90年代发展起来的一种宽带无线接入技术，能够在3～5km的范围内，以点对多点的广播信号传送方式，传输话音、视频和图像等多种宽带交互式数据及多媒体业务，速率可达155Mbit/s，与光纤等有线接入手段相比，LMDS具有建设成本低、项目启动快、建设周期短、维护费用低等诸多优势。

二、微波传输特性

（一）自由空间的电波传播

微波的传输特性如同光波，在传播的路径上没有阻挡时，绕射现象可以忽略不计，因而是一种视距传播。与利用电磁波的绕射现象或利用对流层或电离层散射现象进行超视距传播相比，视距微波通信的传播特性稳定，外界干扰比较小。

为了简化电波传播的计算，通常假定微波在大气中的传播条件为自由空间。所谓自由空间是指充满理想介质的无限空间。在这个空间里电波不受阻挡、反射、折射、绕射、散射和吸收。电波在自由空间传播时，其能量会因扩散而衰减，这种衰减称为自由空间传输损耗。

（二）微波天线的主要特性

无线电发射机输出的射频信号功率，通过馈线（电缆）输送到天线，由天线以电磁波形式辐射出去。电磁波到达接收地点后，由天线接收下来（仅仅接收很小一部分功率），并通过馈线送到无线电接收机。可见，天线是发射和接收电磁波的一个重要的无线电设备，没有天线也就没有无线电通信。天线对于无线通信来说，起着举足轻重的作用，如果天线选择（类型、位置）不好，或者天线的参数设置不当，就会直接影响通信质量。

1. 天线方向性

发射天线有两种基本功能：①把从馈线取得的能量向周围空间辐射出去；②把大部分能量朝所需的方向辐射。

根据天线的方向性可将天线分为全向天线和方向性（或定向）天线。全向天线在水平方向图上表现为360°均匀辐射，也就是平常所说的无方向性，在垂直方向图上表现为有一定宽度的波束。一般情况下，波瓣宽度越小，增益越大；定向天线在水平方向图上表现为一定角度范围辐射，也就是平常所说的有方向性，在垂直方向图上表现为有一定宽度的波束，与全向天线一样，波瓣宽度越小，增益越大。

2. 波瓣宽度

方向图通常都有两个或多个瓣，其中辐射强度最大的瓣称为主瓣，其余的称为副瓣或旁瓣。在主瓣最大方向角两侧，辐射强度降低3dB的两点间的夹角定义为波瓣宽度（又称为波束宽度、主瓣宽度或半功率角）。波瓣宽度越窄，方向性越好，作用距离越远，抗干扰能力越强。

3. 天线增益

天线增益是指在输入功率相等的条件下，实际天线与理想的球型辐射单元在空间同一点处所产生的信号的功率密度之比。它定量地描述一个天线把输入功率集中辐射的程度。增益显然与天线方向图有密切的关系，方向图主瓣越窄，副瓣越小，增益越高。

可以这样来理解增益的物理含义——为在相同距离上某点产生相同大小信号所需发送信号的功率比。表征天线增益的参数为dBi。 dBi是相对于在各方向的辐射是均匀的点源天线的增益。

4. 天线的极化

所谓天线的极化，是指天线辐射时形成的电场强度方向。当电场强度方向垂直于地面时，此电波就称为垂直极化波；当电场强度方向平行于地面时，此电波就称为水平极化波。由于电波的特性，决定了水平极化传播的信号在贴近地面时会在大地表面产生极化电流，极化电流因受大地阻抗影响产生热能而使电场信号迅速衰减，而垂直极化方式则不易产生极化电流，从而避免了能量的大幅衰减，保证了信号的有效传播。

第三节　现代卫星通信技术

一、卫星通信原理

（一）概述

1. 卫星通信基本概念

卫星通信是指利用人造地球卫星作为中继站转发无线电信号，在两个或多个地面站之间进行的通信。

卫星的无线波束覆盖了全部通信站所在的地域，各通信站天线均指向卫星，这样各站都可通过卫星转发来进行通信。

由于卫星通信所用频率处于微波频段，所以卫星通信可以认为是一种特殊的微波通信。在进行通信的过程中所使用的中继站是通信卫星，地球上的设备称为地球站，地球站和地球站的互通都是通过在太空中的卫星来转发信息。显然，在卫星通信中所使用的信息形式仍然是无线电波在自由空间中传播。

卫星通信是一种新的现代化的通信方式，它是在空间技术和微波通信技术的基础上发展起来的。利用人造地球卫星作中继站来转发微波信号，可使远距离的两个或两个以上的地球站之间，不仅能够传输多路电报和电话，而且能够传输高质量电视、高速数据和传真。

卫星通信作为一种远距离通信方式已存在了半个多世纪。目前，无论是国际通信、国内通信，还是国防通信和广播电视等领域，卫星通信都得到了广泛的应用。随着通信技术的发展，卫星通信有它突出的优点，特别是在通信不发达地区、人口稀少地区、边远山区、沙漠地区、江河湖泊地区及海岛等，不易建立其他通信方式的地区，卫星通信具有其他通信手段不可替代的作用。

2. 卫星通信的工作频段

考虑到卫星处于电离层之外的外层空间，而微波频率能够较容易地穿透电离层，所以卫星通信频率一般工作在微波频段，并且要求电波的传播损耗要尽可能地小。

在微波频段 0.3 ～ 10GHz 范围内电波损耗最小，比较适合于电磁波穿出大气层传播，基本上可以把电波看作是自由空间传播，因此称此频率段为“无线电窗口”，目前在卫星通信中应用最多。

除了这个频段之外，在 30GHz 附近也有一个衰减比较小的低谷，损耗相对较小，常称此频段为“半透明无线电窗口”。

早期卫星通信应用的频段大多是C和Ku频段，但随着卫星通信业务量的急剧增加，这两个频段都已经显得特别拥挤，所以必须开发更高的频段。早在20世纪80年代初，西方发达国家就已经开始有关Ka频段的开发工作，Ka频段的工作带宽是3～4GHz，远大于Ku频段。一颗Ka频段卫星提供的通信能力能够达到一颗Ku卫星通信能力的4倍以上。目前，国际上大多数建议采用的宽带卫星系统都运行在Ka频段上。

（二）卫星通信的特点及其在技术上带来的问题

1. 卫星通信的特点

卫星通信在无线电通信的历史上写下了崭新的一页，成为现代化的通信手段之一。与其他通信方式相比，卫星通信具有其独特的特点：

（1）通信距离远，覆盖面积广，建站成本与通信距离无关

一个卫星通信系统中的各地球站之间，是靠卫星连接的。由于卫星处于离地球几百、几千甚至几万公里的高度，因此在卫星能够覆盖到的范围内，通信成本与距离无关。只要这些地球站与卫星间的信号传输满足技术要求，通信质量便有了保证，地球站的建设经费不因通信站之间的距离远近、两通信站之间地面上的自然条件恶劣程度而变化。这在远距离通信上具有明显的优势。

在卫星通信中，信号能够传递到自然条件恶劣、地理环境复杂的边远山区和其他高原地区，基本不存在信号固点。作为陆地移动通信的扩展、延伸，卫星通信系统对航空、航海用户及缺乏地面通信基础设施的偏远地区用户具有重要的意义。

（2）具有独特的广播特性，组网灵活，容易实现多址连接

卫星通信系统类似于一个多发射台的广播系统，每个有发射机的地球站都可以发射信号，在整个卫星覆盖区内都可以收到广播信号，可以通过接收机选出所需要的某一个发射台的信号。因此，只要地球站同时具有收发信机，就可以在地球站之间建立通信连接，这种能同时实现多方向、多地点通信的能力，称为多址连接。应该说这个特点是卫星通信系统突出的优点，它为通信网络的组成，提供了高效率和灵活性。

（3）通信容量大，能传送的业务类型多

由于射频采用微波波段，可供使用的频带很宽，加上星上能源和卫星转发器功率保证越来越充分，随着新体制、新技术的不断发展，卫星通信容量越来越大，传输的业务类型越来越多样化。

（4）可以自发自收进行监测

由于地球站以卫星为中继站，卫星将系统内所有地球站发来的信号转发回地面，因此进入地球站接收机的信号中，一般包含本站发出的信号，从而可以监视本站所发消息是否

正确传输，以及传输质量的优劣。

2. 技术上带来的问题

由于卫星通信具有以上特点，也在技术上带来了一些新的问题：

（1）需要采用先进的空间电子技术

由于卫星与地球站的距离远，电磁波在空间的损耗很大，因此需要采用高增益的天线、大功率发射机、低噪声接收设备和高灵敏度调制解调器等，而且空间的电子环境复杂多变，系统必须要承受高低温差大、宇宙辐射强等不利条件，因此卫星设备的材料必须是特制的，能够适应空间环境的。

（2）需要解决通信时延较长的问题

电磁波以光速在自由空间传播，在静止卫星通信系统中，卫星与地球站之间相距约4万公里，发送端信号经卫星转发到接收端，传输时延可达270ms，因为两个站的用户信号都必须经过卫星，因此打电话者要得到对方的回话，必须额外等待540ms。中低轨道卫星的传输时延较小，但也有100ms左右。对某些业务（如话音）来说，必须采取措施解决时延带来的影响。

（3）要圆满实现多址连接，必须解决多址技术的问题

通信卫星的广播式工作，为多址连接提供了可能性，但是，要将其变为现实，必须解决多址技术问题，即接收站如何识别和选出发给自己的信号。这要求发射站发射的信号或传输手段必须具有区别于其他站的某种特征。

（4）要保证卫星能高度稳定、可靠地工作

卫星处于离地球数万公里之外，卫星上组装有成千上万个电子和机械元器件，任何一个发生故障都可能引起通信卫星的失效，导致整个卫星通信系统的瘫痪。因此，在卫星上使用的元器件都需要进行大量的寿命与可靠性试验。即便如此，一颗卫星的稳定运行时间也仅为7年左右。

（5）存在日凌中断现象

当卫星运行到太阳和地球站之间时（例如，每年的春分或秋分前后数日，太阳、地球和卫星将运行到一条直线上），地球站的天线不仅对准卫星，也正好对着太阳。地球站在接收卫星下行信号的同时，也会接收到大量的频谱很宽的太阳噪声，从而使接收信噪比大幅下降，严重时甚至噪声完全淹没信号，导致通信中断，这种现象称为日凌中断现象。

此外，还要解决星蚀、地面微波系统与卫星通信系统之间的相互干扰等问题，这些都会导致卫星通信系统不能稳定地工作。

（三）通信卫星的分类和运行轨道

1. 通信卫星的分类

在卫星通信中很重要的一个设备就是作为中继站的卫星。通信卫星从不同角度可划分为不同种类。

（1）按卫星离地面的高度来划分

①低轨道卫星

卫星轨道小于 1000km。

②中轨道卫星

卫星轨道在 10000 ～ 15 000km。

③高轨道卫星

卫星轨道大于 20000km。

（2）按照结构的不同来划分

①无源卫星

无源卫星指卫星仅对信号进行转发，而不对接收到的信号进行处理。

②有源卫星

所谓的有源卫星是指卫星上装有电子设备，可以将地球站发送过来的信号进行放大和进一步的处理，然后再返送回其他的地球站，这种有增益的可以对信号进行处理的中继站就称为有源卫星。

（3）按卫星的运转与地球自转是否同步来划分

①静止卫星

从地球表面来看，卫星相对静止，也称为同步卫星。

当卫星的运行轨道在赤道平面内，其高度大约为 35 800km 时，它的运动方向与地球自转的方向相同，围绕地球一周的公转时间大约为 24 小时，和地球自转的周期相等，从地球上看上去，卫星如同静止的一样，所以称为静止卫星，也叫同步卫星。利用静止卫星作为中继站组成的通信系统称为静止卫星通信系统，或同步卫星通信系统。

中间是地球的北极，外围是赤道，在赤道的平面上距离地面 35 786km 左右，等间隔分布 3 颗同步卫星，这 3 颗卫星围绕地球旋转和地球自转方向是一样的，并且绕地球一周的时间和地球自转一周的时间都是 24 小时，所以从地球上看这 3 颗卫星是相对静止的。3 颗卫星覆盖全球就可以实现地球上任意两点之间的通信，比如说卫星 1 覆盖区内的地球上某一点的用户，要和地球另一端的卫星 2 覆盖区内的用户实现通信，首先这个用户经过所在的地球站，将信息传送到卫星 1 上，然后由卫星 1 转发到和卫星 2 重叠的区域的地球站，由该地球站传输到卫星2，再由同步卫星2转发到接收端。在地球上的任意两点之间的通信，最多2次转发就可以实现。当然，静止卫星通信系统也有盲区，就是南北两极，在高纬度的地方，通信质量也不是特别好。

②运动卫星

卫星运行周期不等于（通常小于）地球自转周期，其轨道倾角、轨道高度、轨道形状（圆形或椭圆形）因需要而不同。从地球上看，这种卫星以一定的速度在运动，故又称为运动卫星，也称为非同步卫星。

2. 卫星运动的轨道

人造地球卫星在空间，除了受太阳、月亮、外层大气等因素的作用，最主要的是受地球重力的吸引。卫星所以能保持在高空不会坠落，是因为它以适当的速度绕地心不停地飞行。为了找出卫星做这种运动的基本规律，将问题简化，将地球和卫星分别等效为质点，仅考虑重力的作用。要使人造卫星围绕地球做圆周运动，就要使卫星飞行的离地加速度所形成的离心力等于地球对卫星的引力。

二、卫星通信组成

卫星通信系统因传输的业务不同，组成也不尽相同。一般的卫星通信系统主要由空间段和地面段两部分组成。

上行链路是指从地球站到卫星之间的通信链路；下行链路是指从卫星到地球站之间的通信链路。卫星通信系统由空间部分（通信卫星）和地面部分（通信地球站）两大部分构成的。在这一系统中，通信卫星实际上就是一个悬挂在空中的通信中继站，只要在它的覆盖照射区以内，不论距离远近都可以通信，通过它转发和反射电报、电视、广播和数据等无线信号。

（一）空间段

空间段主要以空中的通信卫星为主体，由一颗或多颗通信卫星构成，在空中对接收到的信号起中继放大和转发作用。每颗通信卫星都包括天线分系统，通信分系统，电源分系统，跟踪、遥测与指令分系统，控制分系统几个部分。

1. 天线分系统

通信卫星上的天线要求体积小、重量轻、馈电方便、便于折叠和展开等，其工作原理、外形等，都与地面上的天线相同。

卫星天线分为遥测指令天线和通信天线两类。遥测指令天线通常使用全向天线，主要用于卫星发射上天，进入轨道前后向地面发射遥测信号和接收地面控制站发来的指令信号。通信天线是通信卫星上最主要的天线，是通信用的微波天线。微波天线是定向天线，要求天线的增益尽量高，以便增大天线的有效辐射功率，微波天线根据波束宽度的不同，可以分为三类：全球波束天线、点波束天线和区域波束天线。

2. 通信分系统

通信分系统用于接收、处理并重发信号，通常称为转发器。转发器是通信卫星中直接起中继站作用的部分。对转发器的基本要求为：以最小的附加噪声和失真，并以足够的工作频带和输出功率为各地球站有效而可靠地转发无线电信号。转发器通常分为透明转发器和处理转发器两类。

（1）透明转发器

透明转发器收到地面发来的信号后，除进行低噪声放大、变频、功率放大外，不做任何加工处理，只是单纯地完成转发任务。

（2）处理转发器

处理转发器除进行信号转发外，还具有处理功能。卫星上的信号处理功能主要包括：对数字信号进行解调再生，使噪声不会积累；在不同的卫星天线波束之间进行信号交换；进行其他更高级的信号变换和处理。

3. 电源分系统

卫星上的电源除要求体积小、重量轻、效率高和可靠性外，还要求电源能在长时间内保持足够的输出。

通信卫星所用电源有太阳能电池、化学电池和原子能电池。化学电池大都采用镍镉蓄电池与太阳能电池并接，在非星蚀期间蓄电池充电，星蚀时，蓄电池供电保证卫星继续工作。

4. 跟踪、遥测与指令分系统

主要包括遥测与指令两大部分，此外还有应用于卫星跟踪信标的发射设备。

（1）遥测设备

遥测设备是指用各种传感器和敏感元件等不断测得有关卫星姿态及星内各部分工作状态等数据，经放大、多路复用、编码、调制处理后，通过专用的发射机和天线，发给地球接收站。指令分系统接收并检测出卫星发来的遥测信号，转送给卫星监控中心进行分析和处理，然后通过指令分系统向卫星发出有关姿态和位置校正、星内温度调节、主备用部件切换、转发器增益换挡等控制指令信号。

（2）指令设备

指令设备专门用来接收指令分系统发给卫星的指令，进行解调与译码后，一方面将其暂时储存起来，另一方面又经遥测设备发回地面进行校对，指令分系统在核对无误后发出“指令执行”信号，指令设备收到后，才将储存的各种指令送到控制分系统，使有关的执行机构正确完成控制动作。

5. 控制分系统

用来对卫星的姿态、轨道位置、各分系统工作状态等进行必要的调节与控制。控制分系统由一系列机械的或电子的可控调整装置组成，如各种喷气推进器、驱动装置、加热及散热装置、各种开关等，在指令分系统指令的控制下完成对卫星的姿态、轨道位置、工作状态主备用切换等各项调整。

（二）地面段

地面段包括所有的地球站，这些地球站通常通过地面网络连接到终端用户设备。地球站一般由天线系统、发射系统、接收系统、通信控制系统、终端系统和电源系统 6 部分组成。

首先，地球网络或在某些应用中来自用户的信号，通过适当的接口送到地球站，经基带处理器变换成规定的基带信号，使它们适合于在卫星线路上传输，然后，送到发射系统，进行调制、变频和射频功率放大，最后，通过天线系统发射出去。通过卫星转发器转发下来的射频信号，由地球站的天线系统接收下来，首先经过其接收系统中的低噪声放大器放大，然后由下变换器变换到中频，解调之后发给本地地球站基带信号，再经过基带处理器通过接口转移到地面网络。控制系统用来监视、测量整个地球站的工作状态，并迅速进行自动转换，及时构成勤务联络等。

第四章　信号与信息处理技术原理

第一节　信息处理技术

一、信息处理技术发展史

人类很早就开始了信息的记录、存储和传输。在古代，信息存储的手段非常有限，有些部落通过口耳相授传递部落的信息，有些部落通过结绳记事存储信息。文字的创造、造纸术和印刷术的发明是信息处理的第一次巨大飞跃；电报、电话、电视及其他通信设备的发明和应用是信息传递手段的历史性变革，也是信息处理的第二次巨大飞跃；计算机的出现和普遍使用则是信息处理的第三次巨大飞跃。长期以来，人们一直在追求改善和提高信息处理的技术的过程，大致可划分为三个时期。

（一）手工处理时期

手工处理时期是指用人工方式来收集信息，用书写记录来存储信息，用经验和简单手工运算来处理信息，用携带存储介质来传递信息时期。信息人员从事简单而烦琐的重复性工作，信息不能及时有效地输送给使用者，许多十分重要的信息来不及处理，甚至贻误战机。

（二）机械信息处理时期

随着科学技术的发展以及人们对改善信息处理手段的追求，逐渐出现了机械式和电动式的处理工具，如算盘、出纳机、手摇计算机等，在一定程度上减轻了计算者的负担。后来又出现了一些较复杂的电动机械装置，如把数据在卡片上穿孔并进行成批处理和自动打印结果。同时，电报、电话的广泛应用，极大地改善了信息的传输手段，这次信息传递手段的革命，结束了人们单纯依靠烽火和驿站传递信息的历史，大大加快了信息传递的速度。虽然机械式处理比手工处理提高了效率，但没有本质的进步。

（三）计算机处理时期

随着计算机系统在处理能力、存储能力、打印能力和通信能力等方面的提高，特别是计算机软件技术的发展，使用计算机越来越方便，加上微电子技术的突破，使微型计算机日益商品化，从而为计算机在管理上的应用创造了极好的物质条件。信息处理时期经历了单项处理、综合处理两个阶段，现在已发展到系统处理的阶段。这样，不仅各种事务的处理达到了自动化，大量人员从烦琐的事务性劳动中解放出来，提高了效率，节省了行政费用，而且由于计算机的高速运算能力，极大地提高了信息的价值，能够及时地为管理活动中的预测和决策提供可靠的依据。与此同时，电子计算机和现代通信技术的有效结合，使得信息的处理速度、传递速度得到了惊人的提高，人类处理信息、利用信息的能力达到了空前的高度。今天，人类已经进入了所谓的信息社会。

二、现代信息技术

到了近代，随着社会经济的发展，不同地域的人与人之间交往活动增加，促进了信息技术的飞速发展。信息是人类的一种宝贵资源，能否大量、有效地利用信息是社会发展水平的重要标志之一。社会在不断地发展和进步，我们要用更有效的手段来传递信息和处理信息，从而促使人类文明社会更快地向前发展。

19 世纪 30 年代，美国画家萨缪尔·芬利·布里斯·莫尔斯（Samuel Finley Breese Morse）发明了电报和莫尔斯电码，电报的发明使信息的传递跨入了电子速度时代；莫尔斯电码是电信史上最早的编码，是电报发明史上的重大突破。1844 年，第一条有线实验电报线路正式开通。19 世纪后半叶，莫尔斯电报已经获得了广泛的应用。

电报有很大的局限性，它只能传达简单的信息，而且要译码，使用起来很不方便。从 19 世纪 50 年代起，有一批科学家受电报发明的启发，开始了用电传送声音的研究。1876 年，美国人贝尔和格雷各自发明了电话。1877 年，爱迪生又获得了碳粒送话器的发明专利。

1896 年，俄国 36 岁的亚历山大·斯捷潘诺维奇·波波夫（Alexander Stepanovich Popov）和意大利 21 岁的伽利尔摩·马可尼（Guglielmo Marchese Marconi）分别发明了无线电收报机，人类从此开始了无线电通信时代。

1925 年，英国的贝尔德进行了世界上首次电视广播试验，虽然图像质量很差，明暗变化不明显，但证实了电视广播的可能性。时隔一年，贝尔德终于成功地发送出了清晰、明暗变化显著的图像，揭开了电视广播的序幕。1936 年，英国广播公司正式从伦敦播送电视节目。1941 年，彩色电视机诞生。

1946 年，世界上第一台计算机诞生。随着现代电子技术尤其是微电子技术的发展，计算机越来越普及，现在，计算机已经成为人们最主要的信息处理工具。

1957 年 10 月 4 日，前苏联成功发射了人类第一颗人造地球卫星“东方一号”，从此卫星通信开始了。

随着计算机和通信技术的发展与互相渗透，计算机网络逐渐普及起来。20 世纪 80 年代，全球性的计算机网络——Internet 逐渐建立起来。Internet 使信息的交流不再受时间和空间的限制。与此同时，各种通信网络日渐发达，它们与互联网连接在一起，为我们的生活带来了极大的便利，人类的信息交流进入了一个崭新的时代。

第二节　数字信号及其处理

一、模拟信号和数字信号

信号可用于表示任何信息，如符号、文字、语音、图像等，从表现形式上可归结为两类：模拟信号和数字信号。模拟信号与数字信号的区别根据幅度取值是否离散来确定。模拟信号指幅度的取值是连续的，幅值可由无限个数值表示，时间上连续的模拟信号如图 4-1（a）所示。时间上离散的模拟信号是一种采样信号，如图 4-1（c）所示，它是对图 4-1（a）的模拟信号每隔时间 T 进行一次采样所得到的信号，虽然其波形在时间上是不连续的，但其幅度取值是连续的，所以仍是模拟信号。数字信号指幅度的取值是离散的，即幅值被限制在有限个数值之内。二进制码就是一种数字信号，它受噪声的影响小，易于数字电路进行处理，所以得到了广泛的应用。

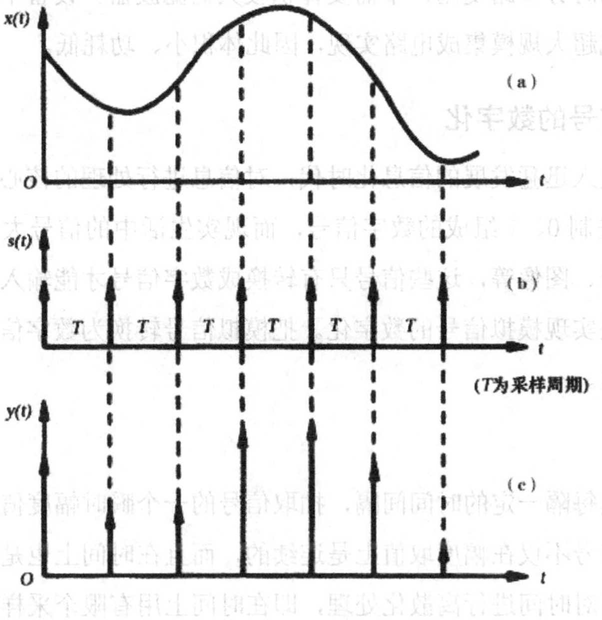

图 4-1　模拟信号及其采样

二、数字信号的特点

（一）抗干扰能力强、无噪声积累

在模拟通信中，为了提高信噪比，需要在信号传输过程中及时对衰减的传输信号进行放大，信号在传输过程中不可避免地叠加上的噪声也被同时放大。随着传输距离的增加，噪声累积越来越多，从而导致传输质量严重恶化。

对于数字通信，由于数字信号的幅值为有限个离散值（通常取 0 和 1 两个幅值），在传输过程中虽然也受到噪声的干扰，但当信噪比恶化到一定程度时，在适当的距离采用判决再生的方法，再生成没有噪声干扰的、和原发送端一样的数字信号，即可实现长距离、高质量的传输。

（二）便于加密处理

信息传输的安全性和保密性越来越重要，数字信号的加密处理比模拟信号容易得多。以语音信号为例，经过数字变换后的信号可用简单的数字逻辑运算进行加密、解密处理。

（三）便于存储、处理和交换

数字信号的形式和计算机所用信号一致，都是二进制代码，因此便于与计算机联网，也便于用计算机对数字信号进行存储、处理和交换，可使通信网的管理维护实现自动化、智能化。

（四）设备便于集成化、微型化

数字通信采用时分多路复用，不需要体积较大的滤波器。设备中大部分电路是数字电路，可用大规模或超大规模集成电路实现，因此体积小、功耗低。

三、模拟信号的数字化

当今社会已进入迅猛发展的信息化时代，对信息进行处理的核心设备是计算机，计算机只能识别由二进制 0、1 组成的数字信号，而现实生活中的信号大多是模拟信号，比如电压、电流、声音、图像等，这些信号只有转换成数字信号才能输入计算机进行处理。因而信息化的前提是实现模拟信号的数字化。把模拟信号转换为数字信号通常需要采样、量化和编码三个过程。

（一）采样

所谓采样就是每隔一定的时间间隔，抽取信号的一个瞬时幅度值，在时间上将模拟信号离散化。模拟信号不仅在幅度取值上是连续的，而且在时间上也是连续的。要使模拟信号数字化，首先要对时间进行离散化处理，即在时间上用有限个采样点代替无限个连续的坐标位置，这一过程叫采样。采样后所得到的在时间上离散的样值称为采样序列。

（二）量化

采样把模拟信号变成了在时间上离散的采样序列，但每个样值的幅度仍然是一个连续的模拟量，因此还必须对其进行离散化处理，将其转换为有限个离散幅度值，最终才能用有限个量化电平来表示其幅值，这种对采样值进行离散化的过程叫作量化，其实质就是实现连续信号幅度离散化处理。

（三）编码

采样、量化后的信号变成了一串幅度分级的脉冲信号，这串脉冲的包络代表了模拟信号，它本身还不是数字信号，而是一种十进制信号，需要把它转换成数字编码脉冲，这一过程称为编码。最简单的编码方式是二进制编码。

四、数字信号处理系统

在实际生活中，遇到的信号大部分是模拟信号，如声音、图像等，为了利用数字系统来处理模拟信号，必须先将模拟信号转换成数字信号，在数字系统中进行处理后再转换成模拟信号。

（一）抗混叠滤波器

抗混叠滤波器的作用是滤除模拟信号中的高频杂波。为解决由高频杂波带来的频率混叠问题，在对模拟信号进行离散化前，需采用低通滤波器滤除高于 1/2 采样频率的频率成分。

（二）A—D 转换器

A—D 转换器即模—数转换器，将模拟信号转换成数字信号，便于数字设备和计算机处理。

（三）D—A 转换器

D—A 转换器即数—模转换器，将数字信号转换为相应的模拟信号。

（四）平滑滤波器

平滑滤波器的作用是滤除 D—A 转换电路中产生的毛刺，使信号的波形变得更加平滑。

第三节　文本信息处理

一、文本分类的整体特征

文本自动分类是分析待定文本的特征，并与已知类别中文本所具有的共同特征进行比较，然后将待定文本划归为特征最接近的一类并赋予相应的分类号。

文本分类一般包括文本预处理、文本特征提取、分类算法、分类结果的评价与反馈等过程。

（一）文本预处理

任何原始数据在计算机中都必须采用特定的数学模型来表示，目前存在众多的文本表示模型，如布尔模型、向量空间模型、聚类模型、基于知识的模型和概率模型等。其中向量空间模型具有较强的可计算性和可操作性，得到了广泛的应用。经典的向量空间模型是Salton等人于20世纪60年代末提出的，并成功应用于著名的SMART系统，已成为最简便、最高效的文本表示模型之一。

向量空间模型的最大优点在于它在知识表示方法上的优势。在该模型中，文本的内容被形式化为多维空间中的一个点，并以向量的形式来描述，文本分类、聚类等处理均可以方便地转化为对向量的处理、计算。也正因为把文本以向量的形式定义到实数域中，才使得模式识别和数据挖掘等领域中的各种成熟的计算方法得以采用，大大提高了自然语言文本的可计算性和可操作性。因此，近年来，向量空间模型被广泛应用在文本挖掘的各个领域。

对于基于向量空间模型的文本预处理，主要由四个步骤来完成：中文分词、去除停用词、文本特征提取和文本表示。

1. 中文分词

中文分词是对中文文本进行分析的第一个步骤，是文本分析的基础。现在的中文分词技术主要有以下几种：基于字符串匹配的分词技术、基于理解的分词技术、基于统计的分词技术和基于多层隐马尔可夫模型的分词技术等。

2. 去除停用词

所谓停用词是指汉语中常用的“的”“了”“我们”“怎样”等，这些词在文本中分布较广，出现频率较高，且大部分为虚词、助词、连词等，对分类的效果影响不大。文本经中文分词之后，得到大量词语，而其中包含了一些频度高但不含语义的词语，比如助词，这时可以利用停用词表将其过滤，以便于文本分类的后续操作。

3. 文本特征提取

文本经过中文分词、去除停用词后得到的词语量特别大，由此构造的文本表示维数也非常大，并且不同的词语对文本分类的贡献也是不同的。因此，有必要进行特征项选择以及计算特征项的权重。

4. 文本表示

文本表示主要采用向量空间模型。向量空间模型的基本思想是以向量来表示文本：（$W_1, W_2, W_3, \cdots, W_n$），其中$W_i$为第$i$个特征项的权重，特征项一般可以选择字、词或词组。根据实验结果，普遍认为选取词作为特征项要优于字和词组。因此，要将文本表示为向量空间中的一个向量，首先要将文本分词，由这些词作为向量的维数来表示文本。最初的向量表示完全是0、1的形式，即如果文本中出现了该词，那么文本向量的该维数为1，否则为0。但这种方法无法体现这个词在文本中的作用程度，所以逐渐被更精确的词频代替。词频分为绝对词频和相对词频，绝对词频即使用词在文本中出现的频率表示文本，相对词频为归一化的词频，其计算方法主要运用关键词出现的次数（词频）—逆向文件频率（Term

Frequency—Inverse Document Frequency，TF—IDF）公式。

（二）文本特征提取

用于表示文本的基本单位通常称为文本的特征或特征项。特征项必须具备一定的特性：①特征项要能够确实标识文本内容；②特征项具有将目标文本与其他文本相区分的能力；③特征项的个数不能太多；④特征项分离要比较容易实现。在中文文本中可以采用字、词或短语作为表示文本的特征项。相比较而言，词比字具有更强的表达能力，而词和短语相比，词的切分难度比短语的切分难度小得多。因此，目前大多数中文文本分类系统都采用词作为特征项，称作特征词。这些特征词作为文档的中间表示形式，用来实现文档与文档、文档与用户目标之间的相似度计算。如果把所有的词都作为特征项，那么特征向量的维数将过于巨大，从而导致计算量太大，在这样的情况下，要完成文本分类几乎是不可能的。特征抽取的主要功能是在不损伤文本核心信息的情况下尽量减少要处理的单词数，以此来降低向量空间维数，从而简化计算，提高文本处理的速度和效率。文本特征选择对文本内容的过滤和分类、聚类处理、自动摘要以及用户兴趣模式发现、知识发现等有关方面的研究都有非常重要的影响。通常根据某个特征评估函数计算各个特征的评分值，然后按评分值对这些特征进行排序，选取若干个评分值最高的作为特征词，这就是特征提取。

（三）文本分类算法

训练算法和分类算法是分类系统的核心部分，目前存在多种基于向量空间模型的训练算法和分类算法，主要有K最近邻居算法、贝叶斯算法、最大平均熵算法、类中心向量最近距离算法、支持向量机算法和神经网络算法等。

简单向量距离分类算法的核心是利用文本与本类中心向量间的相似度判断类的归属，而贝叶斯算法的基本思路是计算文本属于类别的概率。

K邻居算法的基本思路是在给定新文本后，考虑在训练文本集中与该新文本距离最近（最相似）的K篇文本，根据这K篇文本所属的类别判定新文本所属的类别。

支持向量机算法和神经网络算法在文本分类系统中的应用较为广泛。支持向量机算法的基本思想是使用简单的线性分类器划分样本空间，对于在当前特征空间中线性不可分的模式，则使用一个核函数把样本映射到一个高维空间中，使得样本能够线性可分。

神经网络算法采用感知算法进行分类。在这种模型中，分类知识被隐式地存储在连接的权值上，使用迭代算法来确定权值向量。当网络输出判别正确时，权值向量保持不变，否则要进行增加或降低的调整，因此也称为奖惩法。

经过文本分类预处理后，训练文本合理向量化，奠定了分类模型的基础。在实际的文本分类过程中，主要依靠分类模型完成文本分类。

（四）分类结果的评价与反馈

文本分类系统的任务是在给定的分类体系下，根据文本的内容自动地确定文本关联的类别。从数学角度来看，文本分类是一个映射的过程，它将未标明类别的文本（待分类文本）映射到已有的类别中。文本分类的映射规则是系统根据已经掌握的每类若干样本的数据信息，总结出分类的规律性，从而建立判别公式和判别规则，然后在遇到新文本时，根据总结出的判别规则，确定文本相关的类别。

因为文本分类从根本上说是一个映射过程，所以评估文本分类系统的标准是映射的准确程度和映射的速度。映射的速度取决于映射规则的复杂程度，而评估映射准确程度的参照物是通过专家思考判断后对文本进行分类的结果（这里假设人工分类完全正确并且排除个人思维差异的因素），与人工分类结果越相近，分类的准确程度就越高。

三、文本信息处理的应用领域

人类历史上以语言文字形式记载和流传的知识占总量的 80% 以上，这些语言被称为自然语言，如汉语、英语、日语等。自然语言处理是指利用计算机为工具对人类特有的书面和口头形式的自然语言的信息进行各种类处理和加工的技术，是人工智能研究的重要内容之一。主要应用在以下几个研究领域：

（一）机器翻译（Machine Translation）

机器翻译指实现一种语言到另一种语言的自动翻译，常用于文献翻译、网页翻译和辅助浏览等，如著名的 Systran 系统（http：//www.systransoft.com）。

（二）自动文摘（Automatic Summarization/Abstracting）

自动文摘指将原文档的主要内容或某方面的信息自动提取出来，并形成原文档的摘要或缩写，主要应用在电子图书管理、情报获取等方面。

（三）信息检索（Information Retrieval）

信息检索也称情报检索，即利用计算机系统从大量文档中找到符合用户需要的相关信息，如我们非常熟悉的两个搜索引擎网站Google（http：//www.google.com）和百度（http：//www.baidu.com）。

（四）文档分类（Document Categorization）

文档分类也叫文本自动分类（Automatic Text Categorization/Classification），即利用计算机系统对大量的文档按照一定的分类标准（如根据主题或内容划分等）实现自动归类，主要应用在图书管理、内容管理和信息监控等领域。

（五）信息过滤（Information Filtering）

信息过滤指利用计算机系统自动识别和过滤那些满足特定条件的文档信息，主要应用于网络有害信息过滤、信息安全等。

（六）问答系统（Question Answering System）

问答系统指通过计算机系统对人提出的问题，利用自动推理等手段，在有关知识资源中自动求解出答案并做出相应的回答。问答技术有时与语音技术和多模态输入/输出技术，以及人机交互技术等相结合，构成人机对话系统（Man-computer Dialogue System）。主要应用在人机对话系统、信息检索等领域。

三、中文信息处理的研究

中文信息处理可分为字处理平台、词处理平台和句处理平台这三个层次。字处理平台技术是中文信息处理的基础，经过近20年的研究，字处理平台技术已经达到了一个比较成熟的阶段。词处理平台技术是中文信息处理的中间环节，它是连接字平台和句平台的关键纽带，因此也是关键环节。句处理平台技术是中文信息处理的高级阶段，它的研究主要包括机器翻译、汉语的人机对话等，这方面的研究虽然已取得了一定的成果，但是目前还处于初级阶段。

字处理平台的研究与开发，包括汉字编码输入、汉字识别（手写体联机识别与印刷体脱机识别）、汉字系统及文书处理软件等。

词处理平台上最典型、最引人瞩目的是面向互联网的、文本不受限的中文检索技术，包括通用搜索引擎、文本自动过滤（如对网上不健康内容或对国家安全有危害内容的过滤）、文本自动分类（在数字图书馆中得到广泛应用）以及个性化服务软件等。目前影响比较大的中文通用搜索引擎有雅虎、搜狐、新浪等，但这些网站只采用了基于字的全文检索技术，或者仅做了简单的分词处理，性能还有待提高。国内研究机构做得比较好的是北京大学的天网，它用了中文分词和词性自动标注技术，但不足之处在于覆盖能力有限。

词处理平台上另一个重要应用是语音识别。单纯依赖语音信号处理手段来大幅度提高识别的准确率，已经很难再大有作为，必须要借助文本的后处理技术。现在最具代表性的产品是IBM公司的简体中文语音输入系统（Viavoice），微软中国研究院也有表现不俗且接近实用的系统。国内在做这方面工作的有清华大学计算机系和电子系、中科院声学所和自动化所等，但从技术走向市场还有一段距离。属于这个处理平台的其他应用还有文本自动校对、汉字简繁体自动转换等。

句处理平台上的重要应用主要有两方面：一是机器翻译，虽然目前机器翻译的质量还远远不能令人满意，但挂靠在互联网上，就找到了合适的舞台，无论对中国人了解世界（英译汉），还是外国人了解中国（汉译英），都大有裨益，潜在的市场十分可观。“金山快译”软件受到市场的欢迎，就是一个有说服力的旁证。此外，雅信诚公司推出的针对专业翻译人员的英汉双向翻译辅助工具“雅信CAT”，虽然没有采用全自动翻译的策略，但定位及思路都非常好，不失为另一个有发展前途的方向。二是汉语文语转换，即按照汉语的韵律规则，把文本文件转换成语音输出。汉语文语转换系统可用来构成盲人阅读机，让计算机为盲人服务；可用来构成文语校对系统，为报纸杂志的校对人员服务；可广泛用于机场或车站的固定信息发布等。清华大学和中国科学技术大学都研发出了实用的汉语文语转换系统，达到了国际领先水平。

第四节　语音信号处理

一、语音信号处理的基础知识

（一）语音信号的特性

构成人类语音的是声音，是一种特殊的声音，是由人讲话所发出的。语音是由一连串的音组成，具有被称为声学特征的物理性质。语音中的各个音的排列由一些规则所控制，对这些规则及其含意的研究属于语言学的范畴，而对语音中音的分类和研究则称为语音学。

语音是人的发音器官发出来的一种声波，它和其他各种声音一样，具有声音的物理属性，由音质、音调、音强及音量和声音的长短四种要素组成。

1. 音质（音色）

音质是一种声音区别于其他声音的基本特征。

2. 音调

音调即声音的高低。音调取决于声波的频率，频率快则音调高，频率慢则音调低。

3. 音强及音量

音强及音量也称响度，它是由声波振动幅度决定的。

4. 声音的长短

声音的长短也称音长，它取决于发音持续时间的长短。

语音信号最主要的特性是随时间而变化，是一个非平稳的随机过程，但是，从另一方面看，虽然语音信号具有时变特性，但在一个短时间范围内基本保持不变。这是因为人的肌肉运动有一个惯性，从一个状态到另一个状态的转变是不可能瞬间完成的，而是存在一个时间过程，在没有完成状态转变时，可近似认为它保持不变。只要时间足够短，这个假设是成立的。在一个较短的时间内语音信号的特征基本保持不变，这是语音信号处理的一个重要出发点，因而我们可以采用平稳过程的分析处理方法来处理语音。

（二）语音信号分析的主要方式

根据所分析的参数不同，语音信号分析又可分为时域、频域、倒频域等方法。时域分析具有简单、运算量小、物理意义明确等优点，但更为有效的分析多是围绕频域进行的，因为语音中最重要的感知特性反映在其功率谱中，而相位变化只起很小的作用。傅立叶分析在信号处理中具有十分重要的作用，它是分析线性系统和平稳信号稳态特性的强有力的手段，在许多工程和科学领域得到了广泛的应用。这种以复指数函数为基函数的正交变换，理论上很完善，计算上很方便，概念上易于理解。傅立叶分析能使信号的某些特性变得很明显，而在原始信号中这些特性可能没有表现出来或表现得不明显。

然而，语音波是一个非平稳过程，因此适用于周期、瞬变或平稳随机信号的标准傅立叶变换，不能用来直接表示语音信号。前面已提到，我们可以采用平稳过程的分析处理方法来处理语音。对语音处理来说，短时分析的方法是有效的解决途径。短时分析方法应用于傅立叶分析就是短时傅立叶变换，即有限长度的傅立叶变换，相应的频谱称为短时谱。语音信号的短时谱分析是以傅立叶变换为核心的，其特征是频谱包络与频谱微细结构以乘积的方式混合在一起，另一方面是可用快速傅立叶变换（Fast Fourier Transformation，FFT）进行高速处理。

（三）语音信号处理系统的一般结构

语音信号处理系统首先需要信号的采集，然后才能进行语音信号的处理和分析，其一般结构如图 4-2 所示。

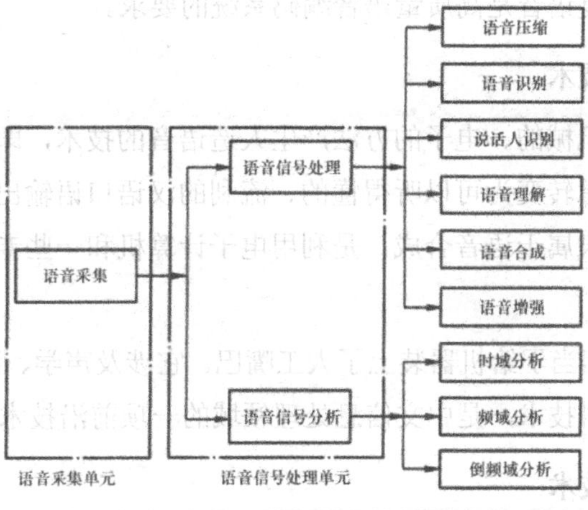

图 4-2 语音信号处理系统的一般结构

根据采集信号的不同，语音信号可分为模拟信号和数字信号，其处理系统也可分为模拟处理系统和数字处理系统。如果加上模—数转换和数—模转换芯片，模拟处理系统可处理数字信号，数字处理系统也可处理模拟信号。由于数字信号处理和模拟信号处理相比具有许多不可比拟的优越性，因此大多数情况下都采用数字处理系统，其优越性具体表现在以下四个方面：①数字技术能够完成许多很复杂的信号处理工作；②通过语音进行交换的信息本质上具有离散的性质，因为语音可看作是音素的组合，特别适合于数字处理；③数字处理系统具有高可靠性、廉价、快速等优点，很容易完成实时处理任务；④数字语音适于在强干扰信道中传输，也易于进行加密传输。因此，数字语音信号处理是语音信息处理的主要方法。

二、语音信号处理的关键技术

语音信号处理是一门研究用数字信号处理技术和语音学知识对语音信号进行处理的新兴学科，同时又是综合性的多学科领域和涉及面很广的交叉学科，是目前发展最为迅速的信息科学研究领域的核心技术之一，下面重点介绍语音信号数字处理应用技术领域中的语音编码、语音合成、语音识别与语音理解技术。

（一）语音编码技术

在语音信号数字处理过程中，语音编码技术是至关重要的，直接影响到语音存储、语音合成、语音识别与理解。语音编码是模拟语音信号实现数字化的基本手段。语音信号是一种时变的准周期信号，而经过编码描述以后，语音信号可以作为数字数据来传输、存储或处理，因而具有一般数字信号的优点。语音编码主要有三种方式：波形编码、信源编码（又称声码器）和混合编码，这三种方式都涉及语音的压缩编码技术，通常把编码速率低于 64 kbit/s 的语音编码方式称为语音压缩编码技术。如何在尽量减少失真的情况下降低语音编码的位数已成为语音压缩编码技术的主要内容，换言之，在相同编码比特率下，如何取得更高质量的恢复语音是高质量语音编码系统的要求。

（二）语音合成技术

语音合成是通过机械的、电子的方法产生人造语音的技术，即将计算机自己产生的、或外部输入的文字信息转变为可以听得懂的、流利的汉语口语输出的技术。语音合成技术又称文语转换技术，隶属于语音合成，是利用电子计算机和一些专门装置模拟人，制造语音的技术。

语音合成技术，相当于给机器装上了人工嘴巴。它涉及声学、语言学、数字信号处理、计算机科学等多个学科技术，是中文信息处理领域的一项前沿技术。

（三）语音识别技术

语音识别又称语音自动识别（Automatic Speech Recognition，ASR），它基于模式匹配的思想，从语音流中抽取声学特征，然后在特征空间完成模式的比较匹配，寻找最接近的词（字）作为识别结果。几十年来，语音识别技术经历了从特定人（Speaker Dependent，SD）中小词汇量的孤立词语和连接词语的语音识别到非特定人（Speaker Independent，SI）大词汇量的自然口语识别的发展历程。尽管如此，语音识别技术要走出实验室、全面融入人们的日常生活还需一些时间。当使用环境与训练环境有差异时，如在存在背景噪声、信道传输噪声或说话人语速和发音不标准等情况下，识别系统的性能往往会显著下降，无法满足实用的要求。环境噪声、方言和口音、口语识别已经成为目前语音识别中三个主要的新难题。

一个典型语音识别系统如图 4-3 所示，由预处理、特征提取、训练和模式匹配等几部分构成。

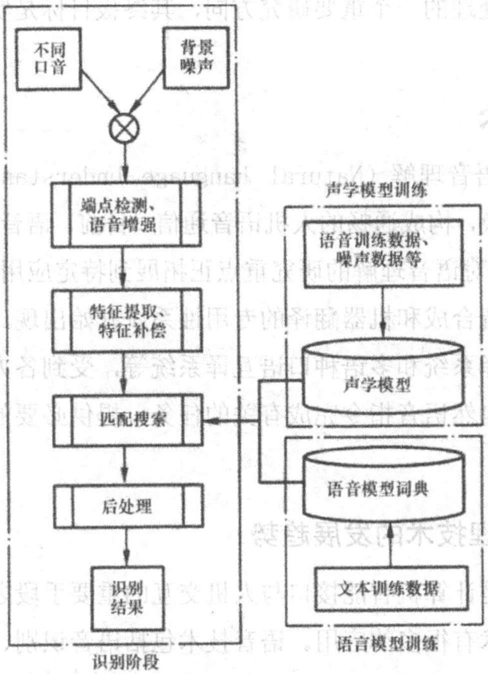

图 4-3 语音识别系统构成

1. 预处理

预处理部分包括语音信号的采样、抗混叠滤波、语音增强、去除声门激励和口唇辐射的影响以及噪声影响等，预处理最重要的步骤是端点检测和语音增强。

2. 特征提取

特征提取作用是从语音信号波形中提取一组或几组能够描述语音信号特征的参数，如平均能量、过零数、共振峰、倒谱和线性预测系数等，以便训练和识别。参数的选择直接关系着语音识别系统识别率的高低。

3. 训练

训练是建立模式库的必备过程，词表中每个词对应一个参考模式，由这个词重复发音多遍，再由特征提取或某种训练得到。

4. 模式匹配

模式匹配是整个系统的核心，其作用是按照一定的准则求取待测语音参数和语音信息与模式库中相应模板之间的失真测度，最匹配的就是识别结果。

让机器听懂人类的语言，是人类长期以来梦寐以求的事情。伴随计算机技术的发展，语音识别已成为信息产业领域的标志性技术，在人机交互应用中逐渐进入我们的日常生活，并迅速发展成为“改变未来人类生活方式”的关键技术之一。语音识别技术以语音信号为研究对象，是语音信号处理的一个重要研究方向，其终极目标是实现人与机器进行自然语言通信。

（四）语音理解技术

语音理解又称自然语音理解（Natural Language Understanding，NLU），其目的是实现人机智能化信息交换，构成通畅的人机语音通信。目前，语音理解技术开始使计算机，丢掉了键盘和鼠标，人们对语音理解的研究重点正拓展到特定应用领域的自然语音理解上。一些基于口语识别、语音合成和机器翻译的专用性系统开始出现，如信息发布系统、语音应答系统、会议同声翻译系统和多语种口语互译系统等，受到各方面越来越多的关注。这些系统可以按照人类的自然语音指令完成有关的任务，提供必要的信息服务，实现交互式语音反馈。

三、语音信号处理技术的发展趋势

语音信号处理技术是计算机智能接口与人机交互的重要手段之一。从目前整个信息社会发展趋势看，语音技术有很多的应用。语音技术包括语音识别、说话人的鉴别和确认、语种的鉴别和确认、关键词检测和确认、语音合成、语音编码等，其中最具有挑战性和应用前景的是语音识别技术。

（一）语音识别技术的发展趋势

首先，说话人识别技术，近年来已经在安全加密、银行信息电话查询服务等方面得到了很好的应用，在公安机关破案和法庭取证方面也发挥了重要的作用。其次，语音识别技术，在一些领域中成为一个关键的具有竞争力的技术。例如，在声控应用中，计算机可以识别输入的语音内容，并根据内容来执行相应的动作，包括了声控电话转换、声控语音拨号系统、声控智能玩具、信息网络查询、家庭服务、宾馆服务、旅行社服务、医疗服务、股票服务和工业控制等。在电话与通信系统中，智能语音接口把电话机从一个单纯的服务工具变成为一个服务的“提供者”和生活“伙伴”。使用电话与通信网络，人们可以通过语音命令方便地从远端的数据库系统中查询与提取有关的信息。随着计算机的小型化，键盘已经成为移动平台的一个很大的障碍，想象一下，如果手机只有一个手表那么大小，再用键盘进行拨号操作已经是不可能的，而借助语音命令就可以方便灵活地控制计算机的各种操作。再者，语音信号处理还可用于自动口语分析，如声控打字机等。

随着计算机和大规模集成电路技术的发展，这些复杂的语音识别系统已经完全可以制成专用芯片，进行大批量生产。在西方经济发达国家，大量的语音识别产品已经进入市场和服务领域。一些用户交互机、电话机、手机已经包含了语音识别拨号功能，还有语音记事本、语音智能玩具等产品也包含了语音识别与语音合成功能。人们可以通过电话网络，用语音识别口语对话系统查询有关的机票、旅游、银行等相关信息，并且取得很好的效果。

（二）语音合成技术的发展趋势

就语音合成而言，它已经在许多方面取得了实际的应用并发挥了很大的社会作用，例如公交汽车上的自动报站、各种场合的自动报时、自动报警、手机查询服务和各种文本校对中的语音提示等。在电信声讯服务的智能电话查询系统中，采用语音合成技术可以弥补以往通过电话进行静态查询的不足，满足海量数据和动态查询的需求，如股票、售后服务、车站查询等信息；可用于基于微型机的办公、教学、娱乐等智能多媒体软件，例如语言学习、教学软件、语音玩具、语音书籍等；可与语音识别技术和机器翻译技术结合，实现语音翻译等。

（三）语音编码技术的发展趋势

对于语音编码而言，语音压缩编码作为语音信号处理的一个分支，从目前的研究状况来看，它的未来发展主要表现在如下几个方面：

1. 研究简化算法

在现有编码算法中，处理效果较好的有很多，但都是以算法复杂、速度低、性能降低为代价。在不降低现有算法性能的前提下，尽量简化算法、提高运算速度、增强算法的实用性，将是未来一段时间的研究课题。

2. 成熟算法的硬件实现将是研究重点

随着大规模集成电路工艺的飞速发展，人们已经可以在单一硅片上方便地设计出含有几百万个晶体管的电路，信息处理速度可达到几千万次 / 秒的乘、加操作，这是未来通信的发展迫切需要的。

3. 新理论及新手段的应用将有巨大的发展前景

随着计算机技术的发展和硬件环境的不断改善，语音压缩技术将不单单运用现有的几种技术，而是会不断开拓和运用新理论及新手段，如将神经网络引入语音压缩的矢量量化中，将子波交换理论应用到语音特征参数的提取（如基音提取等）中。由于神经网络理论和子波交换理论比较新，几乎是刚刚起步，它们的前景还比较难预料，但就其在语音压缩编码方面的应用而言，将有很大的潜力。

4. 语音性能评价手段将是研究的主要内容之一

随着各种算法的不断出现和完善，性能评价方法的研究显得落后。研究性能评价方法远比研究出一两种算法更为重要，所以，许多研究者致力于语音性能评价方法的研究。目前这方面的研究成果还没有大的突破，特别是 4 kbit/s 以下语音编码质量的客观评价，还有待人们不断的努力。

5. 研究语音的感知特性是未来很长一段时间内的基础研究工作之一

为了建立较理想的语音模型且不损失语音中的信息，在研究中必须考虑人的听觉特性，诸如人耳的升沉、失真和掩蔽现象等。

总之，语音压缩编码的研究，在性能上将朝着高性能、低复杂度、实用化的方向发展，在理论上将朝着多元化、高层次化的方向发展。

第五章　网络安全

第一节　网络安全的概念

一、网络安全的定义

安全一词通常被理解为“远离危险的状态或特性”和“为防范间谍活动或蓄意破坏、犯罪、攻击或逃跑而采取的措施”，这是在广泛意义上对安全的表述。

就信息技术而言，随着其发展与广泛应用，信息安全涵盖的内容很丰富，包括操作系统安全、网络安全、病毒查杀、访问控制、加密与认证以及数据库安全等多个方面。国际标准化组织（ISO）将计算机系统信息安全（Computer System Security）定义为“为数据处理系统建立和采取的技术和管理的安全保护，保护计算机硬件、软件、数据不因偶然和恶意的原因而遭到破坏、更改和泄露”，这一定义偏重于静态信息保护。因此，可将计算机系统信息安全进一步定义为“计算机的硬件、软件和数据得到保护，不因偶然和恶意的原因而遭到破坏、更改和泄露，保障系统连续正常运行”，这一定义侧重动态意义的描述。显然，安全一词是指将服务与资源的脆弱性降到最低限度，其中脆弱性是指计算机信息系统的任何弱点。

《中华人民共和国网络安全法》对网络安全的定义是：网络安全是指通过采取必要措施，防范对网络的攻击、侵入、干扰、破坏和非法使用以及意外事故，使网络处于稳定可靠运行的状态，以及保障网络数据的完整性、保密性、可用性的能力。

网络安全是研究与计算机网络相关的安全问题的。具体地说，网络安全主要研究安全地存储、处理或传输信息资源的技术、体制和服务。假设A和B要应用网络进行通信，并希望该网络及通信过程是安全的。在这里，A和B可以是两台需要安全交换路由表的路由器，也可以是希望建立安全传输连接的客户机或服务器，或者是交换安全电子邮件的应用程序，因此可以把A和B看作两个网络通信实体，即应用进程。A和B要进行网络通信并希望做到安全，那么此处的安全意味着什么呢？显然，这个安全的内涵是丰富多彩的，涉及多个方面。例如，A和B希望存储在客户机或服务器中的数据不被破坏、窜改、泄露；它们之间的通信内容对于窃听者是保密的，而且的确是在与真实的对方进行通信；它们还希望所传输的内容即使被窃听者窃取了，也不能理解其报文的含义；还要确保它们的通信内容在传输过程中没有被窜改，或者即使被窜改了，也能够检测出该信息已经被窜改、破坏。由此归纳起来，对网络安全的定义可以表述如下：

所谓网络安全，就是在分布式网络环境中对信息载体（处理载体、存储载体、传输载体）和信息的处理、传输、存储、访问提供安全保护，以防止数据、信息内容遭到破坏、更改、泄露，或者网络服务被中断、拒绝或被非授权使用和窜改。网络安全具有信息安全的基本属性。从广义上说，凡是涉及网络上信息的机密性、完整性、认证、可用性、可靠性和不可否认性的相关理论和技术，都属于网络安全所要研究的范畴。网络的安全性包括网络安全目标、资产风险评估、安全策略和用户安全意识等多个方面。

在实际中，对网络安全内涵的理解会随着“角色”的变化而有所不同，而且还在不断地延伸和丰富。例如，从用户（个人、企业等）的角度来看，他们希望涉及个人隐私或商业利益的信息在网络上传输时受到机密性、完整性和真实性的保护，避免他人利用窃听、假冒、窜改、抵赖等手段侵犯其利益。从网络运营者的角度来看，他们希望对本地网络信息的访问、读写等操作受到保护和控制，避免出现陷门、病毒、非法存取、拒绝服务、网络资源非法占用和非法控制等威胁，制止和防御网络黑客的攻击。从安全保密部门的角度来看，他们希望对非法、有害的或者涉及国家机密的信息进行过滤和防堵，避免机要信息泄露，避免对社会产生危害，对国家造成巨大损失。从社会教育和意识形态的角度来看，网络上不健康的内容，会对社会的稳定和人类的发展造成阻碍，必须对其进行控制。

可见，网络安全的内涵与其保护的信息对象有关，但本质上都是在信息的安全期内保证在网络上传输或静态存放时允许授权用户访问，而不被未授权用户非法访问。网络安全涉及网络的可用性、机密性、完整性、可靠性、访问控制、不可否认性及匿名性，除了以上这些技术问题，网络安全还涉及组织和法律方面的问题。显然，网络安全涵盖的内容很多，并不像初次接触网络安全技术的人想象得那么简单。

二、网络安全目标

网络安全与信息安全的研究领域相互交错与关联，网络安全具有信息安全的基本属性。从本质上来说，网络安全就是要保证网络上信息存储和传输的安全性。根据网络安全的定义，网络安全的主要目标是保护网络信息系统，使其远离危险、不受安全威胁、不出安全事故。从网络安全技术的角度来看，网络安全目标主要包含以下几个方面：

（一）机密性

机密性也称保密性，是指网络通信中的信息不被非授权者所获取与使用，只允许授权用户访问的特性。机密性是一种面向信息的安全性，它建立在可靠性和可用性的基础之上，是保障网络信息系统安全的基本要求。在网络系统的不同层次上有着不同的机密性及相应的防范措施。在物理层上，主要采取电磁屏蔽技术、干扰及跳频技术来防止电磁辐射所造成的信息外泄；在网络层、传输层和应用层则主要采取加密、访问控制、审计等方法来保障信息的机密性。

（二）完整性

完整性是指信息不被偶然或蓄意地删除、修改、伪造、乱序、重放、插入等破坏的特性。只有得到允许的用户才能修改实体或进程，并且能够判别实体或进程是否已被窜改。也就是说，信息的内容不能被未授权的第三方修改：数据在存储或传输的过程中不被修改、破坏，不出现数据包的丢失、乱序等。完整性是一种面向信息的安全性，它要求保持信息的原样，即信息的正确生成、正确存储和正确传输。

（三）可用性

网络可用性指网络信息系统可被授权实体访问并按要求可使用的特性，用来衡量计算机网络系统提供持续服务的能力，与其相关的参数包括链路长度（km）、双向全程故障（次／年）、无故障工作时间 MTBF（h）、失效率 F（%）、可用性。可用性常用网络可用率 A（%）来描述，即一个网络系统或设备在一个给定的时间间隔内可操作的总时间与时间间隔的比，计算公式是：

$$A(\%)=(\text{网络总运行时间}-\text{网络无效时间})/\text{网络总运行时间}$$

实际上，可用率就是“网络有效时间／网络总运行时间”，也等于“1-（网络无效时间／网络总运行时间）”。例如，PSTN 交换系统要求有 99.999% 的可用性，就是每年最多只能有 5 分钟的停工时间。

（四）可靠性

网络的可靠性，是指网络系统能够在规定的条件下和规定的时间内完成预定功能的能力，它包括网络结构的安全性、适用性和耐久性，当以概率来度量时，称之为可靠度。可靠性包括网络硬件的可靠性、软件的可靠性、通信系统的可靠性、人员可靠性和环境可靠性等方面，其主要参数为无故障运行时间、环境条件和规定的功能。人为攻击或自然破坏所造成的网络不稳定性属于网络安全问题。可靠度可用关于时间 t 的函数表示：

$$R(t)=P(T>t)$$

其中，t 为规定的时间；T 表示网络系统或者设备的寿命。

由可靠度的定义可知，$R(t)$ 描述了网络系统或者设备在 $(0,t)$ 时间内完好的概率，且 $R(0)=1$，$R(+\infty)=0$。

（五）真实性

真实性是指网络信息系统的访问者与其声称的身份是一致的。一般通过认证来验证其真实性，以保证信息的发送者和接收者都能证实网络通信过程中所涉及的另一方，确信通信的另一方确实具有其所声称的身份。人类面对面通信可以通过视觉很轻松地解决这个问题，但当通信实体在不能看到对方的媒体上交换信息时，认证就比较复杂了。例如，你如果收到一封电子邮件，其中所包含的信息称这是你的朋友发送的邮件或者你的上级领导发来的通知或函件。那么，你如何才能确信该邮件的真实性呢？这时就需要认证技术来帮助解决。认证是网络通信系统安全的基础。

（六）不可否认性

不可否认性也称作不可抵赖性，即在网络信息系统的信息交互过程中所有参与者都不可能否认或抵赖曾经完成的操作。不可否认性是对面向通信双方（人、实体或进程）的信息真实统一的安全要求，它包括收发双方均不可抵赖。不可否认性涉及两个方面：一是源节点发送证明，它是提供给信息接收者的证据，使发送者谎称未发送过这些信息或者否认其内容的企图不能得逞；二是交付证明，它是提供给信息发送者的证据，使接收者谎称未接收过这些信息或者否认其内容的企图不能得逞。

三、网络安全系统

由上述对网络安全的定义和安全目标的讨论可知，网络安全的内涵主要集中在对通信和网络资源的保护方面。实际上，网络安全不仅涉及安全防护，还包括入侵检测、应急响应以及数据灾难备份与恢复等内容。在许多情况下，作为对攻击的响应，网络管理员需要设置附加的保护机制和措施。同时，网络攻击技术也应包含在网络安全研究的范畴之中。只有对网络攻击技术有比较深刻的了解，才能做好网络安全工作。因此，网络安全包含了安全攻击、安全服务和安全机制等方面，并在逻辑上分别进行了定义。安全攻击是指损害机构所拥有信息安全的任何行为：安全服务是指采用一种或多种安全机制来抵御安全攻击，提高机构的数据处理系统的安全性和提升信息传输安全性的服务：安全机制是指用于检测、预防安全攻击或者恢复系统的机制。在这种意义上，网络安全是通过循环往复的保护、攻击、检测和响应而实现的。

由此看来，网络安全不仅要研究安全防护技术，还要研究网络攻击技术以及用于防御这些攻击的对策。从网络系统安全的角度考虑，网络安全攻防技术包括网络防护和网络攻击两大类。

对于不同环境和应用中的网络安全，还可以将其划分为以下四方面：

（一）运行系统安全

运行系统安全即保证数据处理和传输系统的安全。它侧重于保证系统正常运行，避免因为系统的崩溃和损坏而对系统存储、处理和传输的数据造成破坏和损失；避免由于电磁泄漏而产生信息泄露，同时干扰他人或受他人干扰。

（二）网络信息的安全

网络信息的安全包括用户口令认证、用户存取权限控制、数据存取权限、访问方式控制、安全审计、安全问题跟踪、计算机病毒防治和数据加密等。

（三）网络信息的健康性

网络信息的健康性包括信息过滤等，主要指防止和控制非法、不健康的信息自由传输，抑制公用网络信息传输失控。

（四）网络信息内容的安全

网络信息内容的安全主要侧重于保护信息的机密性，真实性（认证）和完整性，避免攻击者利用系统漏洞实施窜改、泄露、窃听、冒充、欺骗等破坏行为。

根据以上对网络安全定义的讨论可知，网络安全显然是一个系统。它不是防火墙、入侵检测和虚拟专用网，不是加密、认证、授权和审计，也不是网络设备公司及其任何合作伙伴或竞争对手能够给你提供的任何东西。尽管这些产品、技术在其中扮演着十分重要的角色，但网络安全的概念更为宽泛。网络安全起始于安全策略，涵盖了必须遵守这些安全策略的人以及实施这些策略的人。那么，对于网络安全来说什么是系统呢？网络安全系统是指通过相互协作的方式为信息资产提供安全保障的全体网络产品、技术、策略以及最优做法的集合。因此，从狭义的角度看，网络安全是指防护网络系统以及信息资源不受自然和人为有害因素的威胁和危害；若从广义的角度看，凡是与网络上信息的机密性、完整性、认证、可用性、可控性、不可否认性等相关的理论、技术和产品，都属于网络安全的研究范畴；若从社会学的角度看，网络安全是一个系统，涵盖网络安全战略布局、安全文化、人才培养、产业发展等方面。

第二节 网络安全威胁

一、网络安全的脆弱性

网络通信要求各方都要按照规定的协议或规则进行，若通信用户不按照规则或者利用协议缺陷进行通信，就可能导致网络系统通信出现混乱、系统出现漏洞或者信息被非法窃取。由于因特网在设计之初缺乏安全方面的总体构想与设计，致使互联网存在脆弱性。也就是说，互联网本身存在一些固有的脆弱性（脆弱点），非授权用户利用这些脆弱点可以对网络系统进行非法访问。这种非法访问会使系统内数据的完整性受到威胁，也可能使信息遭到破坏而不能继续使用，更为严重的是有价值的信息被窃取而不留任何痕迹。

脆弱点也称为漏洞，是一个在网络安全领域无法忽略的概念。一个脆弱点可能是某个应用程序、系统、设备或者服务本身在编码或设计时所产生的错误或缺陷，它反映该程序、系统、设备或服务对特定威胁攻击或者危险事件的敏感性或者攻击起作用的可能性。在软件方面，脆弱点可能来自编码时产生的错误，也可能来自业务逻辑设计的缺陷或者交互的不合理性；在硬件方面，脆弱点则主要来自设计不合理之处，例如硬件芯片的设计存在问题。这些安全缺陷、错误或者不合理之处如果被人利用，不管是有意还是无意，都会给整个网络系统带来不利影响。例如，网络系统管理权限被窃取，重要的数据或者资料被窃取、窜改甚至破坏等。

网络系统安全的脆弱性主要表现在网络的体系结构、通信、操作系统和应用系统以及网络系统本身等方面。

（一）网络体系结构的脆弱性

网络体系结构是从功能上来描述计算机网络结构的。层次化的网络体系，其优点在于每层实现相对独立的功能，层与层之间通过接口来提供服务，每一层都对上层屏蔽如何实现协议的具体细节，使网络体系结构做到与具体物理实现无关。层次化结构允许连接到网络的主机和终端型号、性能可以不一，但只要遵守相同的协议即可以实现互操作。高层用户可以从具有相同功能的协议层开始进行互连，使网络成为开放式系统。这里“开放”指任意两系统之间可以按照相同协议进行通信。网络体系结构要求上层调用下层的服务，上层是服务调用者，下层是服务提供者，但当下层提供的服务出错时，会使上层的工作受到影响。

（二）网络通信的脆弱性

网络安全通信是实现网络设备之间、网络设备与主机节点之间进行信息交换的保障。网络协议是网络通信必不可少的，一个完整的网络系统必须有一套复杂的协议集合。网络通信协议或通信系统的安全缺陷往往会危及网络系统的整体安全。通信协议 TCP/IP 以及 FTP、E-mail、NFS、WWW 等应用协议都存在安全漏洞。例如，FTP 的匿名服务浪费系统资源；E-mail 中潜伏着电子炸弹、病毒等，威胁互联网安全；WWW 中使用的通用网关接口（CGI）程序、Java Applet 程序和 SSI 等都可能成为黑客的工具；黑客可采用 Sock、TCP 预测或远程访问直接扫描等攻击防火墙。

网络系统的通信线路也在面对各种威胁时显得非常脆弱，非法用户可对线路进行物理破坏、搭线窃听、通过未保护的外部线路访问系统内部信息等。

计算机网络中的网络端口、传输线路和各种处理机，都有可能因屏蔽不严或未屏蔽而造成电磁信息辐射，从而造成有用信息甚至机密信息泄露。

（三）网络操作系统的脆弱性

网络操作系统体系结构本身就是不安全的。目前，无论是 Windows、UNIX 还是其他网络操作系统，都可能存在安全漏洞，这些安全漏洞一旦被发现和利用，对整个网络系统将会造成安全威胁。操作系统的脆弱性具体表现为：

1. 动态连接

为了系统集成和系统扩充的需要，操作系统采用动态连接结构，系统的服务和 I/O 操作都可用补丁方式进行升级和动态连接。这种方式虽然为厂商和用户提供了方便，但同时也为黑客提供了入侵的方便（漏洞）。这种动态连接是计算机病毒产生的温床。

2. 创建进程

操作系统可以创建进程，而且这些进程可在远程节点上被创建和激活，更加严重的是被创建的进程又可以继续创建其他进程。这样，若黑客在远程将“间谍”程序以补丁方式附在合法用户（特别是超级用户）上，就能摆脱系统进程和作业监视程序的检测。

3. 空口令和 RPC

操作系统为维护方便而预留的无口令入口和提供的远程过程调用（RPC）服务，都是黑客进入系统的通道。

4. 超级用户

操作系统的另一个安全漏洞就是存在超级用户，如果入侵者得到了超级用户口令，则整个系统将完全受控于入侵者。

（四）网络应用系统的脆弱性

随着网络的普及应用，网络应用系统越来越多。网络应用系统也可能存在安全漏洞，这些漏洞一旦被发现或者利用，将可能导致数据被窃取或破坏、应用系统瘫痪等。例如：

1. 数据的可访问性

进入系统的用户可方便地复制系统数据而不留任何痕迹；网络用户在一定的条件下，可以访问系统中的所有数据，并可将其复制、删除或破坏掉。例如，黑客通过探访工具可强行登录或越权使用数据库数据。

2. 数据库系统的脆弱性

国际通用的数据库如 Oracle，SQL Server，MySQL 等，都存在大量的安全漏洞。以 Oracle 为例，仅 CVE 公布的数据库漏洞就有 2000 多个。同时，在使用数据库时，还存在着补丁未升级、权限提升、缓冲区溢出等问题，这无疑是先天的不足。

3. 浏览器访问

由于服务器 / 浏览器（B/S）结构中的应用程序直接对数据库进行操作，所以在 B/S 结构的网络应用程序中，某些缺陷也可能威胁数据库的安全。

4. 数据加密

数据加密往往会与 DBMS 的功能发生冲突，或者影响数据库的运行效率。

（五）网络系统本身的脆弱性

网络系统的硬件、软件故障会影响系统的正常运行，严重时系统会停止工作。网络系统的硬件故障通常有计算机硬件故障、电源故障、芯片主板故障、驱动器故障等；网络系统的软件故障通常有操作系统故障、应用软件故障和驱动程序故障以及软件本身的“后门”和漏洞等。

网络系统本身的脆弱性还表现为保密的困难性、介质的剩磁效应和信息的聚生性等。各种存储器中存储了大量的信息，这些存储介质很容易被盗窃或损坏，造成信息丢失。存储器中的信息也很容易被复制而不留痕迹。

此外，在网络管理中，常常会出现安全意识淡薄、安全制度不健全、岗位职责不明、安全审计不力等问题。这些人为造成的安全漏洞也会导致网络安全问题。

二、网络犯罪

每当有新技术问世，罪犯们总会考虑如何利用新技术去实施犯罪活动。互联网也不例外，就像大多数用户所知的那样，利用互联网进行的犯罪活动已经见诸报端。虽然网络犯罪（如身份窃取）仅影响个人，但最大的伤害是对商务活动造成威胁，除了直接的货物和资金盗窃之外，还可能影响到企业的长期生存力。声誉的损害、客户信心的丢失、知识产权的失窃以及对用户访问的阻碍，对商业运营都是重大打击的。

所谓网络犯罪，是指行为人运用计算机技术，借助于网络对其系统或信息进行攻击、破坏，或利用网络进行其他犯罪的总称。网络犯罪既包括行为人运用其编程、加密、解码技术或工具在网络上所实施的犯罪，也包括行为人利用软件指令而进行的犯罪。简言之，网络犯罪是针对和利用网络所进行的犯罪，其本质特征是危害网络及其信息的安全与秩序。

从法律的概念来讲，网络犯罪是指行为主体以计算机或计算机网络为犯罪工具或攻击对象而故意实施的危害计算机网络安全的、触犯有关法律规范的行为。从此概念出发，网络犯罪在行为方式上包括以计算机网络为犯罪工具和以计算机网络为攻击对象两种；在行为性质上包括网络一般违法行为和网络严重违法犯罪行为两种。此概念的界定过于宽泛，不利于从刑法理论上对网络犯罪进行研究。综观现有的关于网络犯罪的描述，大体可归纳为以下三种类型：①通过网络并以其为工具进行的各种犯罪活动；②攻击网络并以其为目标进行的犯罪活动；③使用网络并以其为获利来源的犯罪活动。

第一种以网络为犯罪手段，视其为工具，可以称这种行为人为网络工具犯。由于网络已渗透到人们生活的方方面面，其被犯罪分子利用进行犯罪活动的表现形形色色，绝大多数都可以通过网络进行。后两种网络犯罪类型均以网络为行为对象，称其行为人为网络对象犯。其中包含着以网络为获利来源的犯罪行为和以网络为侵害对象的犯罪行为，其行为人分别称为网络用益犯和网络侵害犯。因此互联网犯罪可从以下两个方面加以防范：①检查利用网络技术犯罪的方法；②创建使网络犯罪更困难和更高成本的相关技术和手段。

三、网络面临的安全威胁

互联网对人类社会的工作和生活越来越重要，全世界对这个巨大的信息宝藏正在进行不断发掘和利用。然而，人们在获得巨大利益的同时，也面临着各种各样的安全威胁。所谓安全威胁，是指某个人、物、事或概念对某个资源的机密性、完整性、可用性或合法性所造成的危害。例如，窜改网页、植入计算机病毒、黑客入侵、信息泄露、网站欺骗、拒绝服务、非法利用漏洞等安全事件。

归纳起来，计算机网络通信面临 4 种安全威胁：①截获——攻击者通过监控或搭线窃听等手段截获网络上传输的信息；②窜改——攻击者截获传输的信息并窜改其内容后再进行传输，破坏数据的完整性；③伪造——攻击者假冒合法用户伪造信息并通过网络传送；④中断——使系统中断、不正常工作甚至瘫痪，如破坏通信设备、切断通信线路、破坏文件系统等。此外，攻击者还可以通过发送大量信息流，使目标超载乃至瘫痪，以致不能正常提供网络服务。

通常，可将安全威胁分为故意威胁和偶然威胁两类。故意威胁又分为主动攻击和被动攻击两种。被动攻击试图从系统中获取或使用信息，不影响系统资源；主动攻击则试图改变系统资源，或者影响系统的操作。

（一）主动攻击

主动攻击是指攻击者访问他所需信息的故意行为。例如，远程登录到指定主机的端口 25，找出某邮件服务器的信息；伪造无效 IP 地址去连接服务器，使接收到错误 IP 地址的系统浪费时间去连接某个非法地址。也就是说，攻击者在主动地做一些不利于网络系统安全运行的事情。主动攻击主要有伪装、重放、数据窜改和拒绝服务 4 种类型。

1. 伪装

伪装是指一个实体假装成另外一个实体，从而可以获得更多的特权。伪装攻击往往连同另一类主动攻击一起进行。例如，身份鉴别序列可能被捕获，并在有效的身份鉴别发生时重放，这样通过伪装一个具有较少特权的实体得到额外的特权。

2. 重放

重放作为一种众所周知的攻击技术，它是指捕获某个数据单元后，通过重新传输这些数据来达到未经授权的效果。但重放可能与网络无关，例如攻击者安装了软件或者硬件设备来记录键盘输入。当用户输入他们的密码或者个人身份信息时，记录器就会记录用户按下了哪些键，然后攻击者就可以按照相同的顺序来按键，从而获得访问权。

3. 数据篡改

数据篡改是指攻击者通过未授权的方式非法读取数据并窜改数据，或者对原始报文中的某些报文内容进行修改，或者将报文延迟或重新排序，以达到用户无法获得真实信息的目的。

4. 拒绝服务（DoS）

拒绝服务是指将大量数据包以泛洪方式冲击主机（通常是Web服务器），即使该服务器能够继续运行，但这种攻击使其消耗大量资源，意味着其他用户的正常服务延时增大或请求被拒绝。由于服务器管理员可以侦察来自单个源的攻击数据包并使之无效，于是又出现了分布式拒绝服务（DDoS）攻击，其做法是：由攻击者操控大量遍布互联网的主机发送数据包去攻击服务器，从而使网络瘫痪或超载，以达到降低网络性能的目的。

还有一种特殊的主动攻击是恶意程序攻击。恶意程序攻击实现的威胁可分为两个方面：一是渗入威胁，如假冒、旁路控制、授权侵犯；二是植入威胁，如特洛伊木马、逻辑炸弹、蠕虫、陷门等。计算机病毒是对网络安全威胁较大的一种恶意程序。

（二）被动攻击

被动攻击是指对传输的数据进行窃听、窃取或监视，即观察和分析协议数据单元（PDU）的内容，目的是获得正在传送的信息。被动攻击可分为泄露报文内容和通信流量分析两种类型。

泄露报文内容是指通信双方传送的报文中的敏感信息或机密信息被攻击者截获，并从中获知了报文的真实内容。

通信流量分析是指攻击者通过观察协议数据单元（PDU）判断通信主机的位置和身份，观察被交换报文的频率和长度，对其进行猜测，从而分析正在进行的通信的种类和特点。

被动攻击主要是收集信息而不是进行访问，数据的合法用户对这种活动觉察不到。防止被动攻击的方法是加密，然而，即使采用加密技术，攻击者仍有可能观察到所传输的报文内容。

第三节　网络安全策略与技术

一、安全策略

网络安全风险永远不可能完全消除，必须加强防护与管理。因此，网络安全策略对一个网络拥有机构来说是非常重要的。什么是安全策略呢？安全策略是指在一个特定网络环境中为保证提供一定级别的安全保护所必须遵守的一系列规则。这些规则主要用于如何配置、管理和控制系统，约束用户在正常的环境下如何使用网络资源，以及当网络环境发生不正常行为时如何响应与恢复。

（一）网络安全策略等级

随着网络技术的不断发展，全球信息化已成为人类发展的必然趋势。但由于网络具有连接形式多样性、终端分布不均匀性以及网络的开放性、互连性等特点，致使网络易受黑客、骇客、恶意软件和其他不轨手段的攻击，所以网络信息的安全和保密是一个至关重要的问题。对于军用的自动化指挥网络、金融、银行等传输敏感数据的网络系统而言，其网络信息的安全和保密更为重要。因此，网络必须有足够强的安全措施，否则它就是无用的，甚至还会危及社会安全。无论是局域网还是广域网，都存在着自然和人为等诸多因素的脆弱性和潜在威胁。因此，安全策略应能全方位、有层次地针对各种不同的威胁和脆弱性，采取不同的安全保护措施，只有这样才能确保网络信息的机密性、完整性和可用性。

网络安全策略的关键是如何保护企业内部网络及其信息，通常包括总体策略和具体规则两部分内容。总体策略用于阐述安全策略的总体思想，而具体规则用于说明什么是允许的，什么是禁止的。通常将安全策略划分为如下 4 个等级：

1. 一切都是禁止的

一切都是禁止的，这种策略等级是最高保护策略，其实现方法是切断内部网络与外部网络的连接。采用这种策略虽能有效防止内部网络遭受外部攻击，但也隔绝了内部网络与外界的连接。通常情况下，这是一种不可取的策略。

2. 一切未被允许的都是禁止的

一切未被允许的都是禁止的，这种策略开放（允许）有限的资源，对于未明确允许的资源禁止访问。

3. 一切未被禁止的都是允许的

一切未被禁止的都是允许的，这种策略只禁止对部分资源的访问，对于未明确禁止的资源都允许访问。

4. 一切都是允许的

一切都是允许的，这是没有任何保护的策略，即把内部网络的全部资源完全对外开放，不加任何保护。通常情况下，这种策略也是不可取的。

（二）网络安全策略的主要内容

网络安全策略涉及的内容比较多，一般将其分为三大类：逻辑上的策略、物理上的策略和政策上的策略。面对种种安全威胁，仅仅依靠物理上和政策（法律）上的手段来防止网络犯罪显得十分有限和困难，因此必须研究使用逻辑上的安全策略，如安全协议、密码技术、数字签名、防火墙、安全审计等。显然，网络安全策略不仅包括对各种网络服务的安全层次、用户权限进行分类，确定管理员的安全职责，还包括如何实施安全故障处理、规划设计网络拓扑结构、入侵和攻击的防御与检测、数据备份和灾难恢复等。在此主要介绍网络系统的一些实用性安全策略，如物理安全策略、安全访问控制策略、网络加密策略和安全管理策略。

1. 物理安全策略

网络的物理安全是网络安全的基础，是在物理层次上的安全保护。物理安全策略主要涉及网络连接的规则、运行环境的保护机制，其主要目的是：①保护计算机系统、网络服务器、路由器、交换机等硬件实体和通信链路免受自然灾害、人为破坏、操作失误和搭线攻击；②确保计算机系统有一个良好的电磁兼容工作环境；③建立完备的安全管理制度，防止各种偷窃、破坏活动的发生。

2. 安全访问控制策略

安全访问控制是网络安全防御和保护的主要策略，其主要任务是保证网络资源不被非法使用和非授权访问，这也是维护网络系统安全、保护网络资源的重要手段。虽然各种安全策略必须相互配合才能真正起到保护作用，但访问控制可以说是保证网络安全最重要的核心策略，它包括操作系统的安全控制、网络互连设备的安全控制、网络的安全防护等策略。

3. 网络加密策略

网络加密的目的是保护网络内部的数据、文件、口令和控制信息以及网络上传输的数据。常用的网络加密方法有链路加密、节点对节点加密和端到端加密。链路加密的目的是保护网络节点之间的链路信息安全；节点对节点加密的目的是对源节点到目的节点之间的传输链路提供加密保护；端到端加密的目的是对源端点用户到目的端点用户的数据提供加密保护。用户可根据网络情况酌情选择这几种加密方式，一般不采用节点对节点加密方式。

安全策略还应明确保护敏感信息所要采用的加密 / 解密算法，而且并不限于一种算法，目的是以较小的代价提供较强的安全保护。除此之外，安全策略还应说明密钥管理的方法。

4. 网络安全管理策略

为了抵御网络攻击，保障网络安全，目前几乎所有的网络系统都装备了各式各样的网络安全设施，如加密设备、防火墙、入侵检测系统、漏洞扫描、防杀病毒软件、VPN、认证系统、审计系统等。安全管理策略是网络安全的生命，加强网络的安全管理，制定有关规章制度，将对于确保网络安全和可靠运行起到十分重要的作用。

网络的安全管理策略包括：确定安全管理等级和安全管理范围；制定有关网络操作使用规程和人员出入机房制度：制定网络系统的维护制度以及应急响应、灾难恢复与备份措施等。

总而言之，网络安全最终将是一个折中的方案，需要在危害和降低威胁的代价之间做出权衡。获得一个安全强度和安全代价的折中方案，需要考虑的主要因素包括：①用户的方便程度：②管理的复杂性；③对现有系统的影响；④对不同平台的支持。

（三）安全策略的制定

由于网络安全是相对的，这就使得对安全的定义显得比较复杂。例如，某公司为了保护有价值的商业信息，拒绝外部人员访问其计算机；一个拥有可用信息网站的单位，则可以将网络安全定义为可任意访问数据但禁止外部人员修改数据；也有一些单位注重通信的机密性，需要将安全网络定义为除了发送者或者真正的接收者之外都不能截取和阅读报文。因此，为了实现安全的网络系统，必须制定网络安全策略。所谓安全策略，并不是规定如何实现保护，而是清楚地、无二义性地阐明所要保护的各个条目。

制定网络安全策略是一项非常复杂的工作，因为要涉及网络设施、计算机以及人的行为等多方面的因素。例如，无线网络信号在单位建筑物以外被接收，把移动存储器（如U盘）带出单位的来访人员，或者在家办公的员工等。同时，单位还要正确认识自身信息的价值，因为在很多情况下，信息的价值是很难评估的。例如，一个包含员工档案、工作时间和薪资等级的数据库系统，假如竞争对手获得这些数据，他们可能会依此引诱公司员工跳槽，或者做意想不到的事情。因此，在制定网络安全策略时需要考虑清楚保护的侧重点，而且要在安全性和易用性之间进行权衡。一般来说，制定网络安全策略时需要考虑以下方面：

1. 数据完整性

防止数据被窜改，即到达接收方的数据是否与发送出来的数据完全相同。

2. 数据可用性

防止服务受到破坏，即对于合法的使用是否能够保持数据的可访问性。

3. 数据机密性

防止未授权的数据访问（如窃听、数据拦截、密钥破解等），即数据是否能够防止非授权访问。

4. 数据私密性

发送者保持其匿名身份的能力，即发送者的身份是否会被泄露出去。

（四）安全责任与控制

一个单位要实现安全的网络，必须考虑如何正确规定、分派或控制对数据信息的安全责任。对信息的安全责任通常包含以下两方面：

1. 审计责任

审计责任指如何保留审计踪迹，即哪个部门对哪项数据负有责任，以及如何保留各个部门对数据进行访问和修改的记录。

2. 授权

授权指对每个信息项的责任以及如何把这样的责任委派给他人，即由谁来负责决定将信息存储在哪里，以及负责人如何审批访问和修改权限。

审计责任和授权的关键是控制。一个单位必须对信息的服务进行控制，控制的关键是认证，即怎样确定身份。例如，假定一个单位详细制定了一套给予员工比普通来访者更高权限的授权策略，那么除非该单位具有一套区分本单位和普通来访者的认证机制，否则其授权策略是没有意义的。认证对象除了人之外，还应扩展到计算机、设备和应用软件。

二、网络安全关键技术

网络安全技术是指致力于解决如何有效地进行介入控制以及如何保证数据传输的安全性等的技术手段，主要包括物理安全技术、网络结构安全技术、系统安全技术和管理安全技术，以及一些安全服务和安全机制策略。

随着网络技术的发展，网络安全已成为当今网络社会焦点中的焦点，几乎没有人不谈论网络安全问题，病毒、黑客程序、邮件炸弹、远程侦听等无不让人胆战心惊。病毒、黑客的猖獗使身处网络社会的人们谈网色变、无所适从。因此，如何有效地保护重要的数据信息、提高网络系统的安全性，已成为网络系统安全必须解决的重要问题。

网络攻击与防护是“矛”和“盾”的关系，网络攻击技术越来越复杂，而且常常超前于网络防护技术。为了应对不断更新的网络攻击手段，网络安全技术经历了从被动防护到主动检测的发展过程。目前一些有效的防护技术，大体上可以划分为加密 / 解密技术、访问控制技术、安全检测技术、安全监控技术、安全审计技术 5 大类。综合运用这些防护技术，可以有效地抵御网络攻击，而这些研究成果也成为了众多网络安全产品的研发基础。

（一）加密 / 解密技术

密码学以研究数据机密性为目的，对所存储或传输的数据进行秘密交换，以防止第三者窃取。加密 / 解密技术包含文件加密、口令加密和传输加密及其解密技术等。完成加密和解密的算法称为密码体制。密码体制是指一个加密系统所采用的基本工作方式。若按照加密密钥是否可以公开，可以把密码体制划分为对称密钥密码体制和非对称密钥密码体制两大类，分别称之为单钥体制和双钥体制。密码学的一项基本原则，是必须假定密码分析员掌握编码技术原理和方法，并且能够获得一定数量的明文密文对。密码的安全性必须以这条准则作为衡量的前提。不论信息截获者得到多少密文，都无法通过密文中的信息唯一地确定明文，则称该密码体制是无条件安全的，或称为理论上不可破译的。但是绝对安全的密码是不存在的，当前几乎所有实用的密码体制都是可破译的。因此，人们关心的是在计算上不可破译的密码体制。如果一个密码体制中的密码不能被可以使用的计算机资源所破译，则认为这一密码体制在计算上是安全的。

（二）访问控制技术

访问控制是网络安全防御和保护的核心策略。它规定了主体对客体访问的限制，并在身份识别的基础上，根据身份对提出资源访问的请求加以限制。访问控制技术是对网络信息系统资源进行保护的重要措施，也是计算机系统中最重要和最基础的安全机制。实现访问控制的技术、方法虽然比较多，但主要的还是身份识别和防火墙技术。身份识别是用户接入和访问网络的关键环节。采用用户名（或用户账号）、口令是所有计算机系统进行访问控制的基本形式。防火墙技术是建立在现代网络通信技术和信息安全技术基础上的安全检测、监控技术。一般情况下，计算机网络系统与互联网连接的第一道防线就是防火墙。

（三）安全检测与监控技术

安全检测与监控技术主要包括实时安全监控技术和安全扫描技术。实时安全监控技术通过硬件或软件实时检测网络数据流并与系统入侵特征数据库的数据相比较，一旦发现有被攻击的迹象，立即根据用户所定义的动作作出响应。这些动作可以是切断网络连接，也可以是通知防火墙系统调整访问控制策略，过滤掉入侵的数据包。安全扫描技术（包括网络远程安全扫描、防火墙系统扫描、Web 网站扫描和系统安全扫描等）可以对局域网、Web 站点、主机操作系统及防火墙系统的安全漏洞进行扫描，及时发现漏洞并予以修复，从而降低系统的安全风险。发现系统漏洞的另一种重要技术是蜜罐 / 蜜网系统，它是一个故意引诱黑客前来攻击的目标。通过分析蜜罐 / 蜜网系统记录的攻击事件，可以发现攻击者的攻击方法以及系统所存在的漏洞。

（四）安全审计技术

网络安全审计是指在一个特定企事业单位的网络环境下，为了保障网络系统和信息资源不受外网和内网用户的入侵和破坏，运用各种技术手段实时收集和监控网络环境中每一个组成部分的安全状态、安全事件，以便集中报警、分析、处理的一种技术手段。网络安全审计作为一个新提出的概念和发展方向，表现出强大的生命力。目前，围绕该概念已经研制出许多新产品和解决方案，如上网行为监控、信息过滤和计算机取证等。

第四节　网络安全标准

一、信息安全等级标准

通常，为了保护人和资产的安全而制定的标准称为安全标准。安全标准一般有两种形式：一种是专门的特定的安全标准；另一种是在产品标准或工艺标准中列出有关安全的要求和指标。网络安全标准化是指包括标准体系研究、标准文本制定 / 修订及技术验证、标准的产业化应用等多个环节以及相关组织运作的集合。网络与信息安全标准化工作对于解决安全问题具有重要的支撑作用。网络与信息安全标准体系的作用主要体现在两个方面：

一是确保有关产品、设施的技术先进性、可靠性和一致性，确保信息化系统可用、互联互通互操作；二是按照国际规则实行信息技术产品市场准入制，为相关产品的安全性提供评测依据，以强化和保证信息化安全产品、工程、服务的自主可控性。

（一）网络与信息安全标准体系

近年来，人们一直在努力研究安全标准，并将安全功能与安全保障相分离，制定了许多复杂而详细的条款；遵循科学、合理、系统、适用的原则，在总结和分析国内外网络与信息安全标准、安全技术与方法以及发展趋势的基础上，提出了网络与信息安全标准体系框架。

（二）我国计算机系统安全的评价标准

我国一直高度关注网络与信息安全标准化工作，从20世纪80年代起就着手进行网络与信息安全标准的研究，现在已正式发布相关国家标准60多个。另外，相关部门也相继制定、颁布了一批网络与信息安全的行业标准，为推动网络与信息安全技术在各行业的应用发挥了积极的作用。20世纪末期，经过国家质量技术监督局批准，发布了《计算机信息系统安全保护等级划分准则》（GB 17859—1999），将我国计算机系统安全保护划分为5个等级，与国际通用准则（CC）存在大致的安全级别对应关系：

1. 第一级为用户自主保护级（L1）

L1的安全保护机制使用户具备自主安全保护的能力，保护用户信息免受非法读写破坏。

2. 第二级为系统审计保护级（L2）

L2除具备L1所有的安全保护功能外，要求创建和维护访问的审计跟踪记录，使所有的用户对自己行为的合法性负责。

3. 第三级为安全标记保护级（L3）

L3除继承前面级别的安全功能外，还要求以访问对象标记的安全级别限制访问者的访问权限，实现对被访问对象的强制保护。

4. 第四级为结构化保护级（L4）

L4在继承前面安全级别的安全功能的基础上，将安全保护机制划分为关键部分和非关键部分，关键部分直接控制访问者对访问对象的存取，从而加强系统的抗渗透能力。

5. 第五级为访问验证保护级（L5）

这一级别特别增设了访问认证功能，负责仲裁访问者对被访问对象的所有访问活动。

《计算机信息系统安全保护等级划分准则》提出的安全要求可归纳为10个安全要素：自主访问控制、强制访问控制、标记、身份鉴别、客体重用、审计、数据完整性、隐蔽通道分析、可信路径、可信恢复。该准则为安全产品的研制提供了技术支持，也为安全系统的建设和管理提供了技术指导。

二、信息安全管理体系

信息安全管理体系（Information Security Management System，ISMS）是目前世界上应用最广泛与最典型的信息安全管理标准。ISMS 的目标是将信息安全问题纳入组织的管理体系框架内，从制度上保证不同的组织更好地符合信息安全的相关法律法规，将信息安全风险降低到可接受的范围内，将技术和管理手段有机结合在一起，从根本上解决信息安全问题。

ISMS 是 1998 年前后从英国发展起来的信息安全领域中的一个新概念，是管理体系（Management System，MS）思想和方法在信息安全领域的应用。近年来，伴随着 ISMS 国际标准的制定和修订，ISMS 迅速被全球接受和认可，成为世界各国、各种类型、各种规模的组织解决信息安全问题的一个有效方法。ISMS 认证随之成为组织向社会及其相关方证明其信息安全水平和能力的一种有效途径。

ISMS 是组织机构按照信息安全管理体系相关标准的要求，制定信息安全管理方针和策略，采用风险管理的方法进行信息安全管理计划、实施、评审检查、改进的信息安全管理工作体系。在实际操作中，ISO/IEC 27001 采用了“规划（Plan）—实施（Do）—检查（Check）—处置（Act）”（PDCA）模型来建立、实施、运行、监视、评审、保持和改进一个单位的 ISMS。

1. 规划（建立 ISMS）

建立与管理风险、改进信息安全有关的 ISMS 方针、目标、过程和程序，以提供与机构总方针、目标一致的结果。

2. 实施（实施和运行 ISMS）

实施和运行 ISMS 方针、控制措施、过程和程序。

3. 检查（监视和评审 ISMS）

对照 ISMS 方针、目标和实践经验，对过程的执行情况进行评估，并在适当时候进行测量，且将结果报告给管理者，以供评审。

4. 处置（保持和改进 ISMS）

基于 ISMS 内部审核和管理评审的结果或者其他相关信息，采取纠正和预防措施，以持续改进 ISMS。

PDCA 模型说明业务流程是不断改进的，该方法使得职能部门可以识别出那些需要改进的环节并进行修正。这个流程以及流程的改进，都必须遵循这样一个过程：先计划，再执行，而后对其运行结果进行评估，紧接着按照计划的具体要求对该评估进行复查，并找到任何与计划不符的结果或偏差（即潜在的改进可能性），最后向管理层提出如何运行的最终结果。

第六章　网络安全防护技术

第一节　访问控制

一、访问控制的概念

访问控制是指在网络系统信息资源受到未经授权的操作威胁时，采用适当的管理及防护措施来保护资源安全性和正确性。其内容一般包括：①主体，发出访问操作、存取要求的主动方；②客体，被调用的程序或被存取的数据对象；③访问规则，用以确定一个主体对某个客体是否拥有访问权限的判断策略。

访问控制的实质是通过安全访问策略限制访问主体对客体的访问权限，从而限制网络系统在合法范围内使用。通过实施访问控制，可以限制对关键资源的访问，防止因非法用户的侵入或合法用户的某些操作而造成信息资源的破坏。

访问控制的核心是访问规则，也就是授权策略。以授权策略来划分，访问控制模型可分为：传统的访问控制模型（DAC\MAC\ACL）、基于角色的访问控制（RBAC）模型、基于任务和工作流的访问控制（TBAC）模型、基于任务和角色的访问控制（T-RBAC）模型等。

（一）传统的访问控制模型

自主访问控制（Discretionary Access Control，DAC）是指用户有权对自身所创建的访问对象（文件、数据表等）进行访问，并可将对这些对象的访问权授予其他用户或者从已授予权限的用户收回其访问权限。DAC授权的实施主体自主负责赋予和回收其他主体对客体资源的访问权限。DAC模型一般采用访问控制矩阵和访问控制列表来存放不同主体的访问控制信息，从而达到对主体访问权限的限制目的。其主要缺点是主体的权限太大，无意间就可能泄露信息

强制访问控制（Mandatory Access Control，MAC）是用来保护系统确定的对象，对此对象用户不能进行更改。也就是说，系统独立于用户行为强制执行访问控制，用户不能改变它们的安全级别或对象的安全属性。这样的访问控制规则通常对数据和用户按照安全等级划分标签，访问控制机制通过比较安全标签来确定授予还是拒绝用户对资源的访问。MAC通过梯度安全标签实现信息的单向流通，可以有效地阻止特洛伊木马的泄露，其主要缺点是实现工作量较大、管理不便、不够灵活，而且过多强调了保密性，对系统连续工作

能力、授权的可管理性方面考虑不足。

（二）基于角色的访问控制模型

基于角色的访问控制模型（Role-Based Access Control，RBAC）的基本思想是将访问许可权分配给一定的角色，用户通过饰演不同的角色获得角色所拥有的访问许可权。它涉及5个基本数据元素：用户（users）、角色（roles）、目标（objects）、操作（operations，OPS）、许可权（permissions，PRMS）。该模型的主要优点是：通过角色配置用户及权限，增加了灵活性；支持多管理员的分布式管理，管理比较方便；支持由简到繁的层次模型，适合各种应用需要；完全独立于其他安全手段，是策略中立的；通过对资源的粒度控制，可以做到大到整个系统，小到数据库表字段的控制。

（三）基于任务和工作流的访问控制模型

所谓任务，是对要进行的一个个操作的统称。基于任务和工作流的访问控制模型（Task-Based Access Control，TBAC）是一种基于任务、采用动态授权的主动安全模型，其基本思想是将访问权限与任务相结合，每个任务的执行都被看作主体使用相关访问权限访问客体的过程。在任务执行过程中，权限被消耗，当权限用完时，主体就不能再访问客体了。系统授予用户的访问权限，不仅仅与主体、客体有关，还与主体当前执行的任务、任务的状态有关。客体的访问控制权限并不是静止不变的，而是随着执行任务的上下文环境的变化而变化。TBAC的主要缺点是它并没有将角色与任务清楚地分离开来，也不支持角色的层次等级，另外，TBAC并不支持被动访问控制，需要与RBAC结合使用。

（四）基于任务和角色的访问控制(T-RBAC)模型

基于任务和角色的访问控制（T-RBAC）模型，吸纳RBAC和TBAC模型的优势，选取任务和角色作为两个基本特征，把任务和角色置于同等重要的地位。其思想是，角色被指派给用户，用户通过承担的角色获取要执行的任务，执行任务时拥有相关任务所允许访问的客体的权限。该模型建立在对任务分类的基础上，从企业和应用级的角度把任务分为工作流类（WF类）任务和非工作流类（NWF类）任务，WF类任务采用主动访问控制（AAC），NWF类任务采用被动访问控制（PAC）；根据任务的权限是否可以继承将任务分为可继承权限的任务和不可继承权限的任务，消除增加私有角色带来的角色增长的问题；针对工作流任务，T-RBAC实行动态权限分配，在工作流中，权限随着任务的执行而变动，角色只有在执行任务时才具有权限，当角色不执行任务时不具有权限，任务根据流程动态到达角色，权限随之赋予角色，当任务完成时，角色的权限也随之收回。

二、AAA访问控制

AAA是认证（Authentication）、授权（Authorization）和计费（Accounting）的简称，是网络安全中进行访问控制的一种安全管理机制，它提供认证、授权和计费三种安全服务。

AAA 提供的安全服务具体如下：

首先，认证部分提供了对用户的认证。整个认证通常采用用户输入用户名与密码来进行权限审核。认证的原理是每个用户都有一个唯一的权限获得标准。由 AAA 服务器将用户的标准同数据库中每个用户的标准一一核对。如果符合，那么对用户认证通过。如果不符合，则拒绝提供网络连接。

其次，用户要通过授权来获得操作相应任务的权限。比如，登录系统后，用户可能会执行一些命令来进行操作。这时，授权过程会检测用户是否拥有执行这些命令的权限。简单而言，授权过程是一系列强迫策略的组合，包括：确定活动的种类或质量、资源或者用户被允许的服务。授权过程发生在认证上下文中，一旦用户通过了认证，它们也就被授予了相应的权限。

最后，计费是指计算机用户在连接过程中所消耗的资源数目。这些资源包括连接时间或者用户在连接过程中的收发流量等。可以根据连接过程的统计日志、用户信息、授权控制、账单、趋势分析、资源利用以及容量计划活动来执行计费过程。

AAA 一般采用客户端／服务器（C/S）模式，这种模式结构简单、扩展性好，且便于集中管理用户信息。AAA 客户端运行于网络接入服务器（NAS）上，AAA 服务器用于集中管理用户信息。

（一）访问控制列表

访问控制列表（Access Control List，ACL）是 Cisco IOS 等网络操作系统所提供的一种访问控制技术。顾名思义就是控制网络资源访问权限，可以基于 IP 地址进行控制，也可以基于 MAC 地址进行控制。对于控制列表中的 IP 地址或 MAC 地址，依据其设置的允许或拒绝前置条件可以做到只允许其设备使用网络或拒绝它们使用网络。

访问控制列表提供了一种机制，它可以控制和过滤通过路由器的不同端口去往不同方向的信息流。这种机制允许用户使用访问列表来管理信息流，以制定公司内部网络的相关策略。这些策略可以描述安全功能，并且反映流量的优先级别。例如，某个组织可能希望允许或拒绝 Internet 对内部 Web 服务器的访问，或者允许内部局域网上一个或多个工作站能够将数据流发送到广域网上。这些情形，以及其他的一些功能都可以通过访问控制列表来实现。

在设计初期 ACL 仅用于路由器，近年来已扩展到三层交换机，部分新二层交换机也开始提供 ACL 的支持。访问控制列表实质上是一组由 permit（允许）和 deny（拒绝）语句组成的有序条件集合，用来帮助路由器分析数据包的合法性。

一般有两种类型的访问控制表：标准 IP 访问控制表和扩展 IP 访问控制表。

（二）ACL 的作用

通过灵活地增加 ACL，作为网络控制的有力工具可以用来过滤流入和流出路由器端口的数据包。建立ACL后，可以限制网络流量，提高网络性能，对通信流量起到控制的作用，这也是对网络访问的基本安全手段。在路由器的端口上配置ACL后，可以对入站端口、出站端口及通过路由器中继的数据包进行安全检测。ACL的主要作用如下：①检查和过滤数据包。允许和匹配规则相符的数据包通过访问，拒绝不符合匹配规则的数据包。通过检查和过滤进出网络的每一个数据包，保护网络免受外来攻击。②对数据进行限制，以提高网络性能。根据数据包的协议，指定数据包的优先级，按照优先级或用户队列处理数据包，对数据进行控制，以此来提高网络性能。③限制或减少路由更新的内容。可以限定或简化路由更新信息的长度，从而限制通过路由器某一网段的通信流量。④用于地址转换。可以规定哪些数据包需要进行地址转换。⑤保护资源节点，限制访问权限。

（三）ACL的工作原理

ACL是网络设备处理数据包转发的一组规则。ACL采用包过滤技术，在路由器中读取第三层和第四层数据包包头中的信息，如源地址、目的地址、源端口、目的端口等，然后根据网络工程师预先定义好的ACL规则，在网络的出入口处对数据包进行过滤，从而实现对网络的访问控制、安全控制和流量控制。通过合理地设计路由器访问控制列表，可在保证网络安全的同时，减少在软硬件设备上的投资。

ACL可以基于数据报文的源地址、目的地址和协议类型的方式来控制网络的数据流向。数据包由路由器端口进入路由器后，通过查看路由表来确定数据包的转发地址和端口，如果没有相关信息，数据包则丢弃。数据包到达相应的端口时，路由器会先根据所设置的规则，判断是否允许通过。如果数据包不符合控制列表所有规则，就会被路由器丢弃。

（四）配置ACL的基本规则

网络中的节点有资源节点和用户节点两大类，其中资源节点提供服务或数据，用户节点访问资源节点所提供的服务与数据。ACL的主要功能是一方面保护资源节点，防止非法用户对资源节点的访问，另一方面限制特定用户节点所能具备的访问权限。对于路由器而言，ACL是作用在路由器端口的规则列表，这些列表被用来控制路由器接收哪些报文，拒绝哪些报文，网络管理员可以在路由器端口上配置ACL来控制用户对某一网络的访问。一般来说，在实施ACL的配置过程中，应当遵循如下原则：

1. 最小特权原则

只给受控对象完成任务所必需的最小权限。也就是说被控制的总规则是各个规则的交集，只满足部分条件的是不容许通过规则的。

2. 最靠近受控对象原则

标准ACL尽可能放置在靠近目的地址的地方，扩展ACL尽量放置在靠近源地址的地方。

3. 单一性原则

一个端口在一个方向上只能有一个 ACL。

4. 默认丢弃原则

如果数据包与所有 ACL 都不匹配，则将所有不符合语句设定规则的数据包丢弃。在实际应用中应根据需要进行修正，避免造成不必要的问题。

5. 默认设置原则

路由器或三层交换机在没有配置 ACL 的情况下，默认允许所有数据包通过。防火墙在没有配置 ACL 的情况下，默认不允许所有数据包通过。

一个 ACL 可以由一条或者多条 ACL 语句组成，每条语句都实现一条过滤规则。ACL 语句的顺序是至关重要的。当报文被检查时，ACL 中的各条语句将顺序执行，直到某条语句满足匹配条件为止。一旦匹配成功，就执行匹配语句中定义的操作，后续语句将不再检查。例如，ACL 中有 2 条语句，第 1 条语句是允许所有的 HTTP 报文通过，第 2 条语句是禁止所有的报文通过。按照该顺序，能够达到只允许 HTTP 报文通过的目的，但如果将顺序倒过来，则所有的报文都将无法通过。

三、标准 IP 访问控制列表的配置

标准 IP 访问控制列表是通过使用 IP 包中的源 IP 地址进行过滤、控制基于网络地址的信息流的。在标准 IP 访问控制列表中，要想阻止来自某一网络的所有通信流量，或者允许来自某一特定网络的所有通信流量，或者想要拒绝某一协议族的所有通信流量时，可以使用标准访问控制列表来实现这一目标。

由于不同类型网络协议数据包的格式和特性不同，ACL 的定义也要基于每一种协议。在实际配置中，不同的路由器由其表号来加以区别：标准 IP 访问控制列表主要根据 IP 报文中的源地址进行过滤，而不考虑这些信息属于哪种协议。

四、扩展 IP 访问控制列表的配置

标准 ACL 是基于 IP 地址进行过滤的，不能控制到端口。如果希望将过滤细到端口或者希望对数据包的目的地址进行过滤，则需要使用扩展 ACL 配置。扩展功能很强大，不仅可以检查信息包的源主机地址，还可以检查目的地主机的 IP 地址、协议类型以及 TCP/UDP 协议族的端口号等。扩展 ACL 具有更大的灵活性和可扩充性，即可以对同一地址允许使用某些通信协议的流量通过，而拒绝使用其他协议的流量通过。

扩展 ACL 最大的优点是可以保护服务器。例如，很多服务器为了更好地提供服务而暴露在公网上，这时为了保证服务正常提供，所有端口都对外界开放，很容易招来黑客和病毒的攻击，通过扩展 ACL 可以将除了服务端口以外的其他端口都封锁掉，以降低被攻击的概率。但是扩展 ACL 存在一个缺点，那就是在没有硬件加速的情况下，扩展会消耗大量的

路由器 CPU 资源。所以，当使用中低档路由器时应尽量减少扩展 ACL 的条目数，将其简化为标准 ACL 或将多条扩展 ACL 合而为一是最有效的方法。

第二节 防火墙

一、防火墙概述

防火墙也称防护墙，由 Check Point 创立者 Gil Shwed 于 1993 年发明并引入互联网。它是一种位于内部网络与外部网络之间的网络安全系统。防火墙实质上是一种隔离技术，是在被保护网络和外网之间进行访问控制策略的一种或一系列部件的组合。防火墙一般设置在可信任的内网边界上，作为不同网络安全域间通信流的唯一通道，能根据企业有关的安全策略控制进出网络的行为，是网络的第一道防线，也是当前防止系统被人恶意破坏的主要网络安全设备之一。

安全、管理、速度是防火墙三大要素。内网与互联网产生的所有网络流量都会经过防火墙，而防火墙则可以抽象为一个访问控制机制，根据网络管理员设置的安全规则，对网络流量进行审计并采取措施。所以，防火墙有效地将可信任的内网与不可信任的网络区域进行了隔离，再加上防火墙本身不易被攻击，因此保证了内网中服务器与客户端的安全。

（一）防火墙的基本概念

防火墙是一种网络访问控制软件或设备（通常指路由器或计算机），是在被保护网络和外网之间进行访问控制策略的一种或一系列部件的组合。它在内部网和外部网之间、专用网与公共网之间的界面上构造一种保护屏障，也可以理解为是 Internet 与内部网络之间的一个安全网关。

简单地说，防火墙是提供信息安全服务、实现网络和信息安全的基础设施之一，一般安装在被保护区域的边界处。被保护区域与 Internet 之间的防火墙可以有效控制区域内部网络与外部网络之间的访问和数据传输，进而达到保护区域内部信息安全的目的。

（二）防火墙的主要特性

设立防火墙的主要目的是保护一个网络不受来自另一个网络的攻击。通常来讲，在内部网和外部网之间安装防火墙，已经成为保护内部网安全的一项重要措施，防火墙可以拒绝未经授权的用户访问，阻止未经授权的用户存取敏感数据，同时允许合法用户不受妨碍地访问网络资源。其主要功能包括：

1. 根据设定的网络安全策略，执行访问控制

从防火墙的定义可以看出，此功能是防火墙最基本的也是最为关键的功能。防火墙

根据网络管理员预先设定好的网络安全策略，逐个审查进出内部网络的数据包，允许的放行，禁止的以及没有明确要求的都执行丢弃操作。这样便达到阻止黑客入侵内部网络设施的目的。

2. 防火墙需保证自身的安全

防火墙把守着内网与互联网联系的唯一接口，负责对局域网安全规则进行集中管理，保证其自身的安全性就是对整个网络的安全负责。一旦防火墙被攻破，黑客便能够通过修改安全规则使得防火墙的访问控制能力作废，整个内网的所有设备都完全暴露在黑客面前。

3. 对网络接入和访问进行监控审计

详细记录经过防火墙的网络流量以及对其采取的操作，从而帮助网络管理员对本地网络的安全状况进行把控，及时调整安全规则。

4. 防火墙的效率和可用性

防火墙位于内外网络之间，起到隔离作用，所有的网络数据包都要由防火墙进行过滤，在这一过程中肯定会影响通信速率。因此，防火墙的过滤速率变相地限制了网络的通信速率。而随着网络带宽的不断提升，对防火墙的处理效率的要求也越来越高，如果因为防火墙效率过低，阻塞了内外网的网络通信，那么防火墙就不具有存在的意义。

5. 通过对网络安全规则集中管理，提供统一的安全保护

如果一个内部网络不设置防火墙，为了不让内网中的所有设施暴露在外网中，每个设施都需要根据自己的安全需求，配置一套安全规则。如此一来，网络管理员需要为每一台设备配置一套安全规则并定期进行维护，大大增加了工作量。而借助于防火墙，可以实现安全规则的集中管理，降低网络安全的维护成本。

简单来说，在计算机网络中，增加防火墙设备的投入可以提高内部网络的安全性能，主要表现在以下几个方面：①防止来自被保护区域外部的攻击；②防止信息外泄和屏蔽有害信息；③集中安全管理；④安全审计和告警；⑤增强保密性和强化私有权；⑥访问控制和其他安全作用等。

二、防火墙的工作原理

防火墙是在网络之间执行安全控制策略的一个系统，也可以说是安全防范措施的总称。自采用包过滤技术的第一代防火墙到现在，防火墙技术经历了包过滤、应用代理、状态检测及深度检测技术等阶段。目前，已有多种防火墙技术可供选择使用，有些是独立产品，有些集成在路由器中，有些以软件模块形式组合在操作系统中。

（一）包过滤防火墙

包过滤防火墙（Packet Filter Firewall）也称为访问控制列表，它根据已经定义好的过滤规则来审查每个数据包，并确定该数据包是否与过滤规则匹配，从而决定数据包是

否能通过。包过滤防火墙又分为静态和动态两种。

1. 静态包过滤防火墙

静态包过滤防火墙根据定义好的过滤规则审查每个数据包，以便确定其是否与某一条过滤规则匹配。过滤规则基于数据包的报头信息来制定。报头信息中包括 IP 源地址、IP 目标地址、传输协议、TCP/UDP 目标端口、ICMP 消息类型等。包过滤类型的防火墙应遵循“最小特权原则”，即明确允许管理员希望通过的数据包，禁止其他的数据包。

2. 动态包过滤防火墙

动态包过滤防火墙采用动态设置包过滤规则的方法，避免了静态包过滤所存在的问题。这种技术后来发展成为所谓包状态监测技术。采用这种技术的防火墙对通过其建立的每一个连接都进行跟踪，且可根据需要动态在过滤规则中增加或更新。

包过滤防火墙工作在网络层，通常基于一些网络设备（如路由器、交换机等）来控制数据包的转发策略，因此又称为网络层防火墙或包过滤路由器。在路由器上实现包过滤的时候，首先要以收到的 IP 数据包报头信息为基础建立起一系列的访问控制列表（ACL）。ACL 是一组表项的有序集合，每个表项表达一个规则，称为 IP 数据包过滤规则，内容包括被监测的 IP 数据包的特征、对该类型的 IP 数据包所实施的动作（放行、丢弃等）。包过滤防火墙的核心技术就是安全策略设计，即包过滤算法设计。

这种包过滤防火墙在网络层检查数据包，与应用层无关，使网络系统具有很好的传输性能，可扩展能力强。但是，包过滤防火墙的安全性有一定的缺陷，因为系统对应用层信息无感知，防火墙不理解通信的内容，可能被入侵者攻破。

（二）应用代理防火墙

应用代理防火墙工作在应用层，针对专门的应用层协议制定数据过滤转发规则。应用代理防火墙又分为以下两种。

第一代代理防火墙，也被称为应用级网关。其核心技术是代理服务器技术。代理服务器，顾名思义就是代替用户与服务器进行交互的服务器。当用户需要连接某个外网服务器时，其连接请求都会被代理服务器受理，在确认用户的连接请求后，由它将连接请求发送到外网服务器上，在接受应答并进行安全审查后，再将具体答复转交给用户。虽然原理上代理服务器起到了中间转发的作用，但是从外网服务器的角度来看，连接请求的数据包就来源于防火墙，这样便起到了屏蔽内网结构的作用。

这种类型的防火墙在安全性上无可挑剔，因为完全没有给外网的计算机与内网终端直接进行会话的机会。然而付出的相应代价是，一旦有大量用户进行外网访问，代理防火墙对于连接繁杂的处理过程就会影响到用户体验，成为内外网络流量的瓶颈。

第二代自适应代理防火墙。针对代理防火墙的低速率问题，商业化应用级网关采用了一种新技术，即自适应代理技术。应用这种技术的代理防火墙以保证安全性为前提，将处理性能提升了十倍以上。这种技术实现的关键要素有两个：自适应代理服务器和动态包过滤器。自适应代理技术通过控制通道将两者联系起来。网络管理员在配置安全策略时，只需设置服务类型以及安全等级。在接收到网络流量时，由自适应代理服务器根据安全等级决定是通过应用层代理连接还是通过网络层借助动态包过滤器进行数据包过滤。如此这般，既满足了安全性，在速度上的要求也得到了满足。

应用代理防火墙检查所有应用层的数据包，并将检查的内容放入决策过程，从而提高了网络的安全性。但这种防火墙是通过 C/S 模式实现的，每个 C/S 通信需要两个连接：一个是客户端到防火墙，另一个是从防火墙到服务器。每个代理需要一个不同的应用进程，或一个后台运行的服务程序，对每个新的应用必须添加此应用的服务程序，否则不能使用该服务。所以，这种防火墙可伸缩性较差。

（三）状态检测防火墙

状态检测防火墙克服了前两种防火墙的不足，兼具二者的优点，也称为动态包过滤防火墙。在对放行还是丢弃数据包进行判断时，它的依据不仅来源于数据包提供的 IP 地址、端口号、协议类型等信息，还基于网络连接的机制，构建连接监测表、监视所有连接开始到断开的全过程。在检查连接状态后，决定一个端口的打开或关闭，最大程度上保证安全性。同时，对于同一连接的数据包，不用重复性地进行审查，数据包是否安全根据该连接在监测表中的状态即可获知，大大提升了网络数据包过滤效率。然而，状态检测防火墙也有缺点，在有大量连接时，连接状态表的维护复杂度较高，可能会造成同一连接大量数据包的滞留，从而造成网络拥堵。

三、防火墙应用的网络结构

在网络设计时，经常需要使用防火墙技术保护内部网络的安全。防火墙的组网方式有很多种，在实际中需要根据网络安全的具体建设目标恰当选择网络结构。

（一）屏蔽路由器防火墙网络

屏蔽路由器防火墙网络是比较简单的一种防火墙网络。屏蔽路由器是指具有包过滤功能的路由器，可以被设置各种过滤规则，并根据网络地址、端口号进行流量过滤。

屏蔽路由器防火墙网络的特点是：①只使用一个屏蔽路由器，网络结构比较简单；②屏蔽路由器可以具有简单的包过滤防火墙功能，也可以具有较高级的状态检测防火墙功能；③外网访问内网时，屏蔽路由器可以只开放若干个特定的地址和端口（对外开放的 Web 服务和邮件服务）；④内网访问外网时，屏蔽路由器通常不做任何限制。

但是，屏蔽路由器防火墙网络存在如下一些局限性：①如果黑客能够入侵并控制了对外开放的服务器，就可以借机攻击内网的其他计算机；②如果屏蔽路由器被入侵，则整个内部网络将彻底暴露；③对内网主机用户缺乏控制能力。

（二）屏蔽路由器防火墙＋堡垒主机网络

屏蔽路由器防火墙＋堡垒主机网络是在屏蔽路由器防火墙网络的基础上增加了一台堡垒主机。显然，屏蔽路由器防火墙＋堡垒主机网络能够实现屏蔽路由器防火墙网络的全部功能。

所谓堡垒主机，是指一种被强化的可以防御进攻的安全性很高的计算机，作为进入内部网络的一个检查点，以达到把整个网络的安全问题集中在某个主机上解决，从而省时省力，不用考虑其他主机的安全问题。一般，一个堡垒主机使用两块网卡，每个网卡连接不同的网络。一块网卡连接公司的内部网络用来管理、控制和保护，而另一块连接另一个网络，通常是公网也就是 Internet。堡垒主机经常配置网关服务。堡垒主机作为应用代理防火墙，通常有如下两种使用形式：

1. 以保护服务器为主的使用形式

堡垒主机的任务是作为内网服务器的应用代理防火墙。屏蔽路由器禁止外网直接访问内网服务器，所有外网对服务器的访问必须通过堡垒主机做代理。内网用户访问服务器时，不需要通过堡垒主机的代理。

这种使用形式的优点是增加了黑客从外网直接攻击内网的难度，其缺点是：缺乏对内网主机的控制和保护功能；黑客可以利用内网用户的疏忽，设法将木马程序安装在内网主机上，木马以反向连接的方式接受黑客的控制，再通过内网主机间接入侵内网服务器。

2. 以管理内网用户为主的使用形式

堡垒主机的任务是作为内网用户的应用代理服务器。屏蔽路由器禁止内网主机（对外开放的服务器除外）直接访问外网，内网用户必须设置堡垒主机为其代理服务器，通过代理服务器访问外网。

这种使用形式的优点是：可以加强对内网用户的管理；代理服务器可以在一定程度上减少内外网通信的数据量，优化外网访问速度。其缺点是内网服务器没有得到堡垒主机的保护。

一般情况下，不建议堡垒主机既充当服务器代理的角色，又充当内网用户代理的角色。虽然这样做能够在一定程度上提高内网安全，但有如下缺点：①所有内外网通信都要通过堡垒主机，则堡垒主机将成为网络通信的瓶颈。②由于内网各主机之间可以直接访问，黑客只要设法入侵了其中任何一台主机（无论是服务器还是系统主机），就可以掌握整个网络的拓扑结构，并借机入侵其他主机。

（三）屏蔽路由器防火墙＋双宿主堡垒主机网络

屏蔽路由器防火墙＋双宿主堡垒主机网络结构又称为屏蔽子网防火墙网络结构，是对前一种网络结构的改进，即将单宿主堡垒主机改为双宿主堡垒主机。

在这种防火墙结构中，堡垒主机和屏蔽路由器之间形成了一个特殊的网段，该网段成为内外网之间的隔离带，称之为隔离区，也称为非军事化区（Demilitarized Zone，简称DMZ）。这种结构的一个显著特征是设置了一个DMZ。也就是说，为了解决安装防火墙后外部网络不能访问内部网络服务器的问题，而设立的一个非安全系统与安全系统之间的缓冲区（DMZ）。DMZ位于企业内部网络和外部网络之间的小网络区域内，在这个小网络区域内可以放置一些必须公开的服务器设施，如企业Web服务器、邮件服务器和论坛等。另一方面，通过这样一个DMZ区域，可以更加有效地保护内部网络，因为这种网络部署，比起一般的防火墙方案，对攻击者来说又多了一道关卡。

屏蔽路由器防火墙+双宿主堡垒主机网络结构的特点是：①屏蔽路由器只允许外网访问DMZ内的服务器和堡垒主机，屏蔽非开放地址和端口；②内网的主机需要通过堡垒主机的代理才能访问DMZ中的服务器；③内网的主机需要通过堡垒主机的代理才能通过屏蔽路由器访问外网；④堡垒主机禁止外网主动连接内网主机，也禁止DMZ的服务器主动连接内网主机；⑤必要时，堡垒主机或屏蔽路由器可以禁止内网主机访问外网。

如果内网对DMZ访问量比较大，而且网络设计要求不需要应用层级别的安全保护，可以用屏蔽路由器替代堡垒主机，以避免堡垒主机造成的瓶颈。在这种网络拓扑结构中，外网防火墙负责处理对外的访问控制，内网防火墙负责处理对内的访问控制。其安全设计原则与前一种防火墙网络级别相同。

目前，有些防火墙可以同时提供内网防火墙和DMZ功能，以简化网络拓扑结构，降低造价。

（四）双DMZ网络

对于大型网络来说，单DMZ的防火墙网络结构不一定能够满足安全要求。例如，某个大学的校园网的入网主机可达数万台，校内核心网络不但要防止外网访问，也需要限制内网的访问，因此需要建立双DMZ防火墙网络结构。

在实际网络工程中，防火墙网络结构并没有固定的形式，需要根据实际安全需求来设计合适的防火墙网络结构。

第三节　入侵检测

一、入侵检测系统

入侵检测（Intrusion Detection，ID）是指通过对计算机与网络系统中的行为、安全日志、网络环境参数等数据进行一系列操作，发现非授权用户企图使用计算机系统或合法用户滥用其特权的行为，并对此做出反应的过程。为完成入侵检测任务而设计的计算机系统称为入侵检测系统(Intrusion Detection System，IDS)。IDS本质上是一种嗅探设备，用于及时发现并上报当前系统环境下，未授权或异常的行为，是一种检测网络中违反设定的安全策略行为的技术手段。IDS 是一种积极主动的安全防护机制，可以弥补被动式网络安全机制的不足，提高网络安全的整体水平。

（一）IDS 的组成

IDS 与其他安全产品不同，需要更多的智能。它必须能够将得到的数据进行分析，并得出有用的结果。近年来，研究者开始研究人工智能、遗传算法、代理体系结构等，用以检测变化多端的复杂攻击。一个入侵检测系统应具有准确性、可靠性、可用性、适应性、实时性和安全性等特点。一般 IDS 包括如下 3 个组成部分：

1.IDS 信息的收集和预处理

对来自网络系统不同节点（不同子网和不同主机）隐藏了网络入侵行为的数据进行采集，如系统日志、网络数据包、文件、用户活动的状态和行为等。

2. 入侵分析引擎

IDS 运用模式匹配、异常检测和完整性分析等技术，对数据进行分析、查找入侵。

3. 响应和恢复系统

一旦发现入侵，IDS 能够马上进入响应过程，并在日志、警告和安全控制等方面做出反应。

（二）IDS 的类型

IDS 分为实时入侵检测和事后入侵检测。实时入侵检测在网络连接过程中进行，IDS 发现入侵迹象立即断开入侵者与主机的连接，实施数据恢复。事后入侵检测由网络管理人员定期或不定期进行。目前，已开发多种入侵检测系统，按检测数据源可以将 IDS 分为基于网络的、基于主机的以及混合型三种入侵检测系统。

1. 基于网络的入侵检测系统

基于网络的入侵检测系统（Network-based IDS，NIDS）一般用于对网络体系中的重要网段实施防护。当被保护的子网与外部网络进行通信时，NIDS 通过网络嗅探，从网络接口中获取分组报文。其中，入侵分析引擎是对截获的报文数据进行处理的核心部分。通过解析数据包包头和数据体，入侵分析引擎可提取出用户行为的特征模式，协议分析和命令解析是提取特征模式的常用方法，能在高负载的网络环境中实现数据包的逐一解析。

入侵规则库通过一系列规则描述攻击行为的特征。由于异常行为潜在的破坏性和攻击性，其行为特征也常被加入入侵规则库中，用以检测潜在的未知攻击。入侵行为的判定标准是提取出的行为特征模式与规则库的匹配情况，如果正确匹配，则属入侵行为，反之为用户正常行为。响应模块接收到判定信息后，会发出警报等响应动作，并对当前行为进行监控，帮助管理员了解实时状况。

2.基于主机的入侵检测系统

基于主机的入侵检测系统（Host-based IDS，HIDS）与部署在网络中的关键节点处的 NIDS 不同，HDIS 部署在受保护的系统上，只能对本地主机或服务器进行安全防护。HIDS 检测的主要目标是主机系统和本地用户，源数据来自主机系统的审计日志或操作系统，如用户操作命令、应用程序资源占用情况、注册表访问等。检测数据的来源和底层资源的调用决定了 HIDS 对主机系统的高度依赖性。

如果被保护的主机系统处于脆弱的安全环境下，HIDS 的检测性能也可能会受到影响，因而HIDS常与防火墙等其他防护技术同时部署，共同保护主机系统的安全。HIDS部署简单、配置灵活，可用于加密环境中，对于内部人员的越权操作等入侵行为具有较好的检测效果。但当攻击者入侵成功后，会在系统日志中抹去攻击痕迹，HIDS 难以发现。此外，由于检测模块驻留在被保护的主机上，还会占用部分系统资源，降低系统运行效率。

HIDS 适用于交换网环境，不需要额外的硬件，能监视特定的一些目标，能够检测出不通过网络的本地攻击，检测准确度较高；缺点是依赖于主机的操作系统及其审计子系统，可移植性和实时性均较差，不能检测针对网络的攻击，检测效果受限于数据源的准确性以及安全事件的定义方法，不适合检测基于网络协议的攻击。

3.分布式入侵检测系统

混合型入侵检测系统是基于混合数据源的 IDS，是以多种数据源为检测目标，来提高检测性能的。实际上，这是一种能够同时分析来自主机系统审计日志和网络数据流的入侵检测系统，一般采用分布式结构，由多个部件组成，因此也称之为分布式入侵检测系统（Based Distributed Intrusion Detection System，BDIDS）。

BDIDS 检测的数据也是来源于网络中的数据包，不同的是，它采用分布式检测、集中管理的方法，即在每个网段安装一个黑匣子，该黑匣子相当于基于网络的入侵检测系统，只是没有用户操作界面。黑匣子用来监测其所在网段上的数据流，根据安全管理中心制定的安全策略、响应规则等来分析检测网络数据，同时向安全管理中心发回安全事件信息。安全管理中心是整个分布式入侵检测系统面向用户的界面。它的特点是对数据保护的范围比较大，但对网络流量有一定的影响。

对于 IDS 也可以按照其他方式进行分类。例如，按照 IDS 的检测原理可分为误用入侵检测系统和异常入侵检测系统。

误用入侵检测也称为基于知识的入侵检测，它收集攻击行为和非正常操作行为的特征，建立相关的特征库，当检测到用户的行为与特征库中的行为匹配时，系统就会认为这是入侵。这对已知攻击类型的检测非常有效，但是无法检测系统未知的攻击行为，从而产生漏报。误用入侵检测方法包括专家系统、签名分析和状态转换分析等。

在异常入侵检测中，观察到的不是已知的入侵行为，而是所研究的通信过程中的异常现象，它通过检测系统的行为或使用情况的变化来完成。在建立该模型之前，首先必须建立统计概率模型，明确所观察对象的正常情况，然后决定在何种程度上将一个行为标为异常，并做出具体决策，通常利用统计方法来检测系统中的异常行为。

（三）IDS的分析方法

IDS 常用的分析及检测方法主要分为两大类：基于特征的检测和基于异常的检测。基于特征的检测技术主要包括模式匹配和协议分析两种方法，而基于异常的检测技术有很多，例如采用统计模型、专家系统等。经研究表明，国内 90% 的 IDS 使用特征检测方法。

1. 基于特征的检测技术

特征检测对已知的攻击或入侵的方式做出确定性的描述，形成相应的事件模式。当被审计的事件与已知的入侵事件模式相匹配时，即报警。其检测方法与计算机病毒的检测方式类似。目前特征检测主要包括模式匹配和协议分析两种方法。

模式匹配就是将收集到的信息与已知的网络入侵和系统误用模式知识库进行比较，以发现入侵行为。这种检测方法只需收集相关的数据集合和维护一个知识库就能进行判断，检测准确率和效率也相当高，模式匹配应用较为广泛。该方法预报检测的准确率较高，但对于无经验知识的入侵与攻击行为却无能为力。

协议分析相对于模式匹配技术是一种更新的入侵检测技术。它首先捕捉数据包，然后对数据包进行解析，包括网络协议分析和命令解析，在解析的代码中快速检测某个攻击特征是否存在。协议分析技术大大减少了计算量，即使在高负载的高速网络上，也能逐个分析所有的数据包。

2. 基于异常的检测技术

基于异常的检测技术有很多，主要包括统计检测和专家系统。它首先要对系统的行为进行统计，获得系统正常使用时的统计性能，如访问次数、延时等。统计性能被用来与网络、系统的行为进行比较，当观察值在正常值范围之外时，IDS 就会判断有入侵行为。异常检测的优点是可以检测到未知入侵和复杂的入侵，缺点是误报、漏报率高。

统计检测的最大优点是它可以“学习”用户的使用习惯，从而具有较高检出率与可用性。但是它的“学习”能力也给入侵者以机会通过逐步“训练”使入侵事件符合正常操作的统计规律，从而通过入侵检测系统。统计检测的测量参数包括：事件的数量、间隔时间、资源消耗情况等。

用专家系统对入侵进行检测，经常是针对有特征的入侵行为。所谓的规则，即是知识，不同的系统与设置具有不同的规则，且规则之间往往无通用性。专家系统的建立依赖于知识库的完备性，知识库的完备性又取决于审计记录的完备性与实时性。入侵的特征抽取与表达，是入侵检测专家系统的关键。在系统实现中，将有关入侵的知识转化为 if-then 结构，也可以是复合结构，if 部分为入侵特征，then 部分是系统防范措施。运用专家系统防范有特征入侵行为的有效性完全取决于专家系统知识库的完备性。

（四）IDS 工作原理

入侵检测需要收集网络或主机的运行数据，对这些数据进行分析，发现异常行为，并在适当的位置制止入侵行为。

1.IDS 的数据源

信息收集是入侵检测的第一步。信息的可靠性、正确性和实时性决定了检测的成败。IDS 利用的数据一般来自以下几个方面：

（1）主机系统信息

主机系统信息包括系统日志、安全审计记录、系统配置文件的完整性情况和应用范围、产生的日志文件等。

（2）网络信息

网络是需要关注的主要信息来源。凡是流经网络的数据流都可以被用作 IDS 的信息源。

（3）其他安全产品提供的信息

如防火墙、身份认证系统、访问控制系统和网络管理系统产生的审计记录及通用消息等。

2.IDS 模型

为了解决入侵检测问题，人们提出了许多 IDS 模型。1986 年，美国斯坦福国际研究所的 Dorothy E.Denning 首次提出了一个入侵检测模型。他把一个入侵检测系统的通用模型主要分为四个组件：事件产生器、事件分析器、事件数据库以及响应单元。

在这个通用模型中，把需要分析的数据通称为事件。事件产生器的目的是从环境中获取需要分析的数据，将其格式化为事件，然后向系统其他组件推送该事件，这些事件便是整个系统检测的依据，事件产生器的数据来源会随着系统所处环境的变化而发生改变；事件分析器分析得到的事件，产生相应分析结果；响应单元从分析器处得到结果，并做出适当响应；事件数据库是存放事件处理过程中产生的中间数据以及事件处理结果的地方，它可以是复杂的数据库也可以是简单的文本文件。除以上四个模块以外，整个检测系统最核心的便是行为特征表，整个表的构建借助于对用户行为的统计以及模式化描述，一旦某次统计到的行为与之前的行为模式具有很大的偏差，就考虑该行为是异常行为，便将该事件提交到系统中进行响应处理。

随着IT业务系统应用技术日益繁多，恶意入侵者的攻击手段也在不断变化，单一的IDS已经无法检测出全部的入侵，而各个IDS之间没有统一的标准互不兼容。为了解决入侵检测系统之间的互操作性，国际上的一些研究组织开展了标准化工作。目前，对IDS进行标准化工作的有1ETF的Intrusion Detection Working Group（IDWG）和Common Intrusion Detection Framework（CIDF）两个组织。IDWG负责定义IDS系统组件之间的通信格式，称作Intrusion Detection Exchange Format；但目前只有相关的草案，并未形成正式的RFC文档。尽管如此，草案为IDS各部分之间甚至不同IDS系统之间的通信提供了一定的引导。CIDF提出了入侵检测系统（IDS）的一个通用模型。CIDF是一套规范，它定义了IDS表达检测信息的标准语言以及IDS组件之间的通信协议。符合CIDF规范的IDS之间可以共享检测信息、相互通信以及协同工作。

3.IDS的工作过程

IDS的入侵检测工作一般分为信息收集、数据分析和响应处理3个步骤。

（1）信息收集

入侵检测的第一步是信息收集，收集的内容包括系统、网络、数据及用户活动的状态和行为。需要在网络、计算机系统中的若干不同关键点（不同的网段和不同的主机）收集信息。入侵检测一般从4个方面收集信息：①系统和网络日志；②目录以及文件中的异常改变；③程序执行中的异常行为；④物理形式的入侵信息，包括对网络硬件连接和对物理资源的未授权访问。

（2）数据分析

对收集到的数据信息进行分析是IDS的核心工作。按照数据分析的方式，一般有3种手段：①模式匹配。模式匹配就是将收集到的数据与已知的网络入侵和系统误用模式数据库进行比较，从而发现违背安全策略的行为。这种分析方法也称为误用检测。②统计分析。统计分析首先需要给系统对象（如用户、文件、目录和设备等）创建一个统计描述，统计正常使用时的一些测量属性（如访问次数、操作失败次数和延时等）。把测量属性的平均值与网络系统的行为进行比较，当观察值在正常值范围之外时，就认为有入侵发生。这种分析方法也称为异常检测。③完整性分析。完整性分析主要关注某个文件或对象是否被更改，包括文件和目录的内容及属性的变化。

（3）响应处理

当通过数据分析而发现入侵迹象时，IDS采取预案措施进行防护（如切断网络、记录日志），并保留入侵证据以便他日调查所用，同时向管理员报警。例如，在系统管理员的桌面上产生一个警告标志位，向系统管理员发送警报或电子邮件等。控制台按照告警产生预先定义的响应，采取加固措施，或者重新配置路由器、防火墙，或者终止进程、切断链接、改变文件属性等，也可以只是简单的报警。

二、入侵防御系统

绝大多数 IDS 系统都是被动的，不是主动的。也就是说，在攻击实际发生之前，IDS 往往无法预先发出警报。如果想提供主动防御，预先对入侵活动和攻击性网络流量进行拦截，避免其造成损失，而不是简单地在恶意流量传送时或传送后才发出警报，这就需要入侵防御系统（Intrusion Prevention System，IPS）。

（一）IPS 的基本概念

IPS 是在 IDS 基础上发展起来的一种网络安全产品，Network ICE 公司在 2000 年最早提出这个概念，并推出了业界第一款 IPS 产品 BlackICE Guard。与传统的防火墙以及 IDS 提供的被动防御不同，IPS 是一种主动的、积极的入侵防御系统，它整合了防火墙技术和入侵检测技术，能够即时中断、调整或隔离一些不正常或是具有伤害性的行为，在发生攻击时及时发出警报，并将网络攻击事件及所采取的措施和结果进行记录。

（二）IPS 工作原理

IPS 向受保护目标提供主动防御，直接嵌入到网络流量中，通过网络端口接收来自外部的流量，经检查确认该流量不包含异常或可疑内容后，再由另一端口传送到内部网络系统中，这样所有有问题的数据包及来自同一数据流的后续数据包，都能在 IPS 设备中被彻底清除，IPS 的工作原理是：根据报头和流信息，对所有流经 IPS 的数据包进行分类，然后由多种过滤器负责分析相对应的数据包，通过过滤器检查的数据包可以继续前进，包含恶意内容的数据包就会被丢弃，被怀疑的数据包需要接受进一步的检查。

实现实时检查和阻止入侵的原理在于 IPS 拥有数目众多的过滤器，能够防止各种攻击。当新的攻击手段被发现之后，IPS 就会创建一个新的过滤器。针对不同的攻击行为，IPS 需要不同的过滤器，每种过滤器都设有相应的过滤规则，为了确保准确性，这些规则的定义非常广泛。在对传输内容进行分类时，过滤引擎还需要参照数据包的信息参数，并将其解析至一个有意义的域中进行上下文分析，以提高过滤准确性。

（三）IPS 的类型

1. 基于主机的入侵防御（HIPS）

基于主机的入侵防御（Host Intrusion Prevension Systems，HIPS）通过在主机 / 服务器上安装软件代理程序，防止网络攻击入侵操作系统以及应用程序。基于主机的入侵防御能够保护服务器的安全弱点不被不法分子所利用。基于主机的入侵防御技术可以根据自定义的安全策略以及分析学习机制来阻断对服务器、主机发起的恶意入侵。HIPS 可以阻断缓冲区溢出、改变登录口令、改写动态链接库以及其他试图从操作系统夺取控制权的入侵行为，整体提升主机的安全水平。

在技术上，HIPS 采用独特的服务器保护途径，利用由包过滤、状态包检测和实时入侵检测组成分层防御体系。这种体系能够在提供合理吞吐率的前提下，最大限度地保护服务器的敏感内容，既可以以软件形式嵌入到应用程序对操作系统的调用当中，通过拦截针对操作系统的可疑调用，提供对主机的安全防护，也可以以更改操作系统内核程序的方式，提供比操作系统更加严谨的安全控制机制。

由于HIPS工作在受保护的主机/服务器上，它不但能够利用特征和行为规则检测，阻止诸如缓冲区溢出之类的已知攻击，还能够防范未知攻击，防止针对Web页面、应用和资源的未授权的任何非法访问。

2. 基于网络的入侵防御（NIPS）

基于网络的入侵防御（Network Intrusion Prevension Systems，NIPS）通过检测流经的网络流量，提供对网络系统的安全保护。由于它采用在线连接方式，所以一旦辨识出入侵行为，NIPS就可以去除整个网络会话，而不仅仅是复位会话。同样由于实时在线，NIPS需要具备很高的性能，以免成为网络的瓶颈，因此NIPS通常被设计成类似于交换机的网络设备，提供线速吞吐速率以及多个网络端口。

NIPS必须基于特定的硬件平台，才能实现千兆级网络流量的深度数据包检测和阻断功能。这种特定的硬件平台通常可以分为三类：一类是网络处理器（网络芯片），一类是专用的FPGA编程芯片，第三类是专用的ASIC芯片。在技术上，NIPS吸取了目前NIDS所有的成熟技术，包括特征匹配、协议分析和异常检测。

3. 应用入侵防御（AIP）

应用入侵防御（Application Intrusion Prevention，AIP）是NIPS产品的一个特例，它把基于主机的入侵防御扩展成为位于应用服务器之前的网络设备。AIP被设计成一种高性能的设备，配置在应用数据的网络链路上，以确保用户遵守设定好的安全策略，保护服务器的安全。NIPS工作在网络上，直接对数据包进行检测和阻断，与具体的主机/服务器操作系统平台无关。

三、蜜罐

蜜罐（Honeypot）是一种在互联网上运行的计算机系统，是专门为吸引并诱骗那些试图非法闯入他人计算机系统的攻击者而设计的。蜜罐系统是一个包含漏洞的诱骗系统，它通过模拟一个或多个易受攻击的主机，给攻击者提供一个容易攻击的目标。简单来说，蜜罐就是诱捕攻击者的一个陷阱。它好比是情报收集系统，故意引诱黑客前来攻击，当攻击者入侵后，就可以随时了解针对服务器发动的最新的攻击和漏洞，还可以通过窃听黑客之间的联系，收集黑客所用的种种工具，并且掌握他们的社交网络。

（一）蜜罐的关键技术

蜜罐是一个安全资源，其价值在于被探测、攻击和损害。蜜罐是网络管理员经过周密布置而设下的“黑匣子”，看似漏洞百出却尽在掌握之中，所收集的入侵数据十分有价值。蜜罐的作用是：①诱骗那些非法闯入他人计算机系统的入侵者，监控、记录并分析他们的行为、手法；②拖延攻击者对真正目标的攻击，让攻击者在蜜罐上浪费时间，减少攻击者对实际系统的威胁。这些功能是通过诱骗技术、数据捕获、数据分析和数据控制 4 项关键技术实现的。

1. 诱骗技术

蜜罐的欺骗性越强，就越能吸引攻击者的注意力，使入侵者相信存在有价值的、可利用的安全弱点。网络欺骗技术是蜜罐技术体系中最为关键的核心技术，常见的欺骗技术有模拟服务端口、模拟系统漏洞和应用服务、IP 空间欺骗、流量仿真、信息欺骗等。

2. 数据捕获

数据捕获的目标是捕获和记录黑客、木马、病毒、蠕虫的扫描、攻击、入侵成功后的操作直至事后退出的每一步动作。数据捕获技术既包括虚拟主机的防火墙、网络服务日志记录，也包括网络防火墙的日志、入侵检测系统的日志等。数据捕获一般分三层实现：最外层由防火墙对出入蜜罐系统的网络连接进行日志记录；中间层由入侵检测系统（IDS）完成，抓取蜜罐系统内所有的网络包；最里层由蜜罐主机完成，捕获蜜罐主机的所有系统日志、用户击键序列和屏幕显示。这些数据可以存储在本地，也可以存储在异地设备上。

3. 数据分析

要从大量的网络数据中提取出攻击行为的特征和模型是相当困难的，数据分析是蜜罐技术中的难点。数据分析包括网络协议分析、网络行为分析、攻击特征分析和入侵报警等。数据分析对捕获的各种攻击数据进行融合与挖掘，分析黑客的工具、策略及动机，提取未知攻击的特征，为研究或管理人员提供实时信息。

4. 数据控制

数据控制是蜜罐的核心功能，用于保障蜜罐自身的安全。蜜罐作为网络攻击者的攻击目标，即便被攻破也得不到任何有价值的信息。虽然允许对蜜罐的所有访问，但却要对从蜜罐外出的网络连接进行控制，使其不会成为入侵者的跳板危害其他系统。

（二）蜜罐的类型

蜜罐可以按照其部署目的分为产品型蜜罐和研究型蜜罐两类。

产品型蜜罐的目的在于为一个组织的网络提供安全保护，包括检测攻击、防止攻击造成破坏及帮助管理员对攻击做出及时正确的响应等功能。一般产品型蜜罐比较容易部署，而且不需要管理员投入大量的精力。较具代表性的产品型蜜罐包括 DTK、Honeyd 等开源工具和 KFSensor、ManTrap 等一系列的商业产品。

研究型蜜罐则是专门用于对黑客攻击的捕获和分析，通过部署研究型蜜罐，对黑客攻击进行追踪和分析，能够捕获黑客的击键记录，了解到黑客所使用的攻击工具及攻击方法，甚至能够监听到黑客之间的交谈，从而掌握他们的心理状态等。研究型蜜罐需要研究人员投入大量的时间和精力进行攻击监视和分析工作。

蜜罐还可以按照其交互度的等级划分为低交互蜜罐和高交互蜜罐。交互度反应黑客在蜜罐上进行攻击活动的自由度。

低交互蜜罐一般仅仅模拟操作系统和网络服务，较容易部署且风险较小，但黑客在低交互蜜罐中能够进行的攻击活动有限，因此通过低交互蜜罐能够收集到的信息也比较有限，同时由于低交互蜜罐通常是模拟的虚拟蜜罐，或多或少存在着一些容易被黑客所识别的指纹信息。产品型蜜罐一般属于低交互蜜罐。

高交互蜜罐则完全提供真实的操作系统和网络服务，没有任何的模拟。从黑客的角度看，高交互蜜罐完全是其垂涎已久的“活靶子”，因此在高交互蜜罐中，能够获得许多黑客攻击的信息。高交互蜜罐在提升黑客活动自由度的同时，自然加大了部署和维护的复杂度及风险性。研究型蜜罐一般都属于高交互蜜罐，也有部分蜜罐产品，如ManTrap，属于高交互蜜罐。

第四节 计算机病毒与木马的防御

一、计算机病毒

计算机病毒是指编制者在计算机程序中插入的破坏计算机功能或者数据的代码，能影响计算机使用，能自我复制的一组计算机指令或者程序代码。

（一）计算机病毒的特性

计算机病毒像生物病毒一样，具有自我繁殖、互相传染以及激活再生等生物病毒特征。计算机病毒有独特的复制能力，能够快速蔓延，又常常难以根除。它们能把自身附着在各种类型的文件上，当文件被复制或从一个用户传送到另一个用户时，就随同文件一起蔓延开来。计算机病毒与生物病毒又截然不同，计算机病毒不是天然存在的，是人利用计算机软件和硬件所固有的脆弱性编制的一组指令集或程序代码，当条件满足时即被激活，通过修改其他程序的方法将自己的精确拷贝或者可能演化的形式放入其他程序中，从而感染其他程序，对计算机资源进行破坏。计算机病毒具有如下特性：

1. 传染性

计算机病毒传染性是指计算机病毒通过修改别的程序将自身的复制品或其变体传染到其他无毒的对象上，这些对象可以是一个程序也可以是系统中的某一个部件。

2. 隐蔽性

计算机病毒具有很强的隐蔽性，只有少数病毒能够通过病毒软件检查出来。隐蔽性计算机病毒时隐时现、变化无常，这类病毒处理起来非常困难。

3. 繁殖性

计算机病毒可以像生物病毒一样进行繁殖，当正常程序运行时，它也进行自身复制。是否具有繁殖、感染的特征是判断某段程序是否为计算机病毒的首要条件。

4. 潜伏性

计算机病毒潜伏性是指计算机病毒可以依附于其他媒体寄生的能力，侵入后的病毒潜伏到条件成熟时才发作。

5. 可触发性

编制计算机病毒的人，一般都为病毒程序设定了一些触发条件，例如，系统时钟的某个时间或日期、系统运行了某些程序等。一旦条件满足，计算机病毒就会“发作”，破坏计算机系统。

6. 破坏性

计算机中毒后，可能会导致正常的程序无法运行，计算机内的文件被删除或受到不同程度的损坏，引导扇区及BIOS、硬件环境被破坏。

（二）病毒的分类

计算机病毒种类繁多而且复杂，按照病毒的传染方式以及计算机病毒的特点及特性，可以有多种不同的分类方法。同时，根据不同的分类方法，同一种计算机病毒也可以属于不同的计算机病毒种类。

1. 按照计算机病毒的传染方式来划分

（1）引导型病毒

引导型病毒主要通过软盘在操作系统中传播，感染硬盘的引导扇区，在线启动时获得执行权，病毒进程驻留内存后，再将执行权转交给真正的系统引导代码。由于系统引导扇区的容量很小，引导型病毒通常不大。

（2）文件型病毒

文件型病毒也称为“寄生病毒”。此种病毒会感染扩展名为COM、EXE、SYS等类型的可执行文件，将病毒代码插入文件的尾部或数据区，并修改文件运行代码。文件运行时首先执行病毒代码，病毒进程驻留内存后，再将执行权转交给原先的文件运行代码。

（3）混合型病毒

混合型病毒兼具引导型和文件型病毒的特征，不但能感染硬盘的引导扇区，也能感染文件。

（4）宏病毒

宏病毒是指用 BASIC 语言编写的病毒程序寄存在 Office 文档上的宏代码。宏病毒影响对文档的各种操作。

2. 根据病毒传染渠道划分

（1）驻留型病毒

驻留型病毒感染计算机后，把自身的内存驻留部分放在内存（RAM）中，这一部分程序挂接系统调用并合并到操作系统中去，它处于激活状态，一直到关机或重新启动。

（2）非驻留型病毒

非驻留型病毒在得到机会激活时并不感染计算机内存，一些病毒在内存中留有小部分，但并不通过这一部分进行传染，这类病毒也被划分为非驻留型病毒。

按照传染途径，计算机病毒可以分为存储介质病毒、网络病毒、电子邮件病毒等类型。

3. 根据破坏能力划分

（1）无害型

无害型病毒除了传染时减少磁盘的可用空间外，对系统没有其他影响。

（2）无危险型

无危险型这类病毒仅仅是减少内存、显示图像、发出声音及同类影响。

（3）危险型

危险型病毒在计算机系统操作中造成严重的错误。

（4）非常危险型

非常危险型这类病毒删除程序、破坏数据、清除系统内存区和操作系统中重要的信息。

二、智能手机病毒

智能手机是指具有独立、开放的操作系统，独立的运行空间和存储空间，用户可以通过自行安装各种应用软件、游戏等第三方程序扩充功能，并通过移动通信网络实现高速数据传输、音视频通信等功能的一类手机的总称。智能手机的普遍使用，给人们生活与工作带来了巨大便利的同时，也不可避免会产生安全隐患。智能手机和移动互联网给手机病毒的滋生提供了温床，如果不尽快采取有效防范措施，智能手机病毒的传播将会给人们的生活和财产带来了巨大危害。因此如何抵制智能手机病毒已成为人们较为关注的问题。

（一）手机病毒的概念

伴随智能终端设备尤其是智能手机的发展应用，智能手机病毒开始泛滥成灾。手机病毒从广义上来说，是计算机病毒的一种，因为智能手机就是一台基于二进制编码的计算机。实际上，手机病毒和计算机病毒的实现原理相似，只是传播途径和威胁方式不同。

手机病毒是一种具有传染性、破坏性的手机程序，可用杀毒软件进行清除与查杀，也可以手动卸载。它利用发送短信、彩信、电子邮件，浏览网站，下载铃声，连接蓝牙等进行传播，会导致用户手机死机、关机、个人资料被删、向外发送垃圾邮件泄露个人信息、自动拨打电话、发短（彩）信等，甚至会损毁SIM卡、芯片等硬件，导致用户无法正常使用手机。

（二）手机病毒的危害

1. 窃取、删除或窜改手机用户信息

如今的智能手机功能强大，已经成为个人便携设备甚至个人支付终端，如果病毒入侵智能手机，会导致这些信息被调用或破坏，对机主造成重大损失。

2. 破坏手机软硬件

病毒修改系统或软件设置，可能会破坏手机操作系统或造成软件无法使用，使得手机死机、黑屏、重启等。

3. 传播非法信息

它能使文字、图像、视频等信息传播速度加快，加速了非法信息的传播。

4. 造成通信网络瘫痪

若手机病毒程序控制手机通信网络，发送病毒和垃圾信息，接收手机感染后再转发，在短时间内会产生大量信息，可能会造成网络拥堵甚至网络瘫痪。

（三）智能手机病毒的原理

智能手机相当于一个小型的智能处理器，它安装的各种应用软件及嵌入式操作系统会遭受病毒攻击，而且手机短信也不只是简单的文字，其中包括手机铃声、图片等信息，都需要手机中的操作系统进行解释，然后显示给手机用户，手机病毒就是靠软件系统的漏洞来入侵的。手机病毒要传播和运行，必要条件是移动服务商要提供数据传输功能，且手机需要支持高级程序写入功能，许多具备上网及下载等功能的手机都可能会被手机病毒入侵。

（四）手机病毒的防范

智能手机一旦感染病毒，用户的数据、信息等很可能就会受到伤害。在使用智能手机时，可参考以下几条防范措施及解决办法：①在手机生厂商研制阶段，尽量避免手机操作系统漏洞的出现，从根本上杜绝手机病毒。智能手机病毒存在的一种情况是利用操作系统的先天漏洞，所以在研制阶段减少漏洞，可以有效防范手机病毒。②由于手机的大部分数据通过运营商网关进行传送，运营商应在核心网关进行杀毒和防毒，加强网络服务器及网

关上的杀毒软件和防火墙的设置，对过往数据进行筛选，防止手机病毒的扩散。③养成良好的手机上网习惯，尽量不要访问不知名，页面包含各种陌生、奇怪、诱惑等信息的站点。慎重对待陌生信息，避免被不法分子植入恶意软件，不随便接受陌生的蓝牙请求，慎重对待二维码扫描，避免恶意链接。④使用正版手机，因为正版手机的安全认证比较严密。⑤安装合适的手机杀毒软件，实时监控数据流量，及时查杀异常数据。

三、木马

木马（Trojan）全称是特洛伊木马（Trojan Horse），通常指一种基于远程控制、暗藏恶意指令的程序或代码。木马程序会悄悄地在宿主机器上运行，在用户毫无察觉的情况下，让攻击者获得远程访问和控制系统的权限，然后再通过各种手段传播或者骗取目标用户信息，达到盗取密码等各种数据资料的目的。木马程序通常不会单独出现，总是隐藏在其他程序后面，或者以各种手段来掩护它本来面目，具有隐蔽性和非授权性特点。

（一）木马的原理

一般的木马程序分为两部分：服务器端和客户端（控制器部分）。植入对方计算机的是服务器端，而攻击者利用客户端进入运行服务器的计算机，运行了木马程序的服务器后，被种者的计算机会产生一个有着容易迷惑用户名称的进程，暗中打开一个或几个端口，使攻击者可以利用这些打开的端口进入计算机系统，这样网络安全和个人隐私也就无保障了。

木马程序不会自动运行，它暗含在某些用户感兴趣的文档中，一般在用户下载时附带的。当用户运行文档程序时，特洛伊木马才会运行，信息或文档才会被破坏和丢失。木马程序和后门不一样，后门指隐藏在程序中的秘密功能，通常是程序设计者为了能在日后随意进入系统而设置的。

（二）木马的分类

木马有多种分类方法，通常根据其通信方式、具体运行层次和行为方式进行分类。

按通信方式可将木马分为：①基于 TCP 技术的木马，包括正向连接、反弹端口、HTTP 隧道、发送邮件型；②基于其他 IP 技术的木马，如畸形 UDP、ICMP 数据包等；③基于非 IP 的木马，如利用 Net Bios、Mail Slot 等协议传输的木马。

按木马运行层次可分为应用级木马和内核级木马。应用级木马工作在操作系统 Ring 3 级，由于计算机底层操作系统中的程序、库以及内核都未受影响，这种木马对系统的影响相对较小。内核级木马运行在操作系统内核中，常采用驱动程序技术实现内核级木马的加载工作。

按木马程序对计算机的具体行为方式，可分为如下几种类型：

1. 远程控制型

远程控制型木马是现今最广泛的特洛伊木马，有远程监控的功能，且使用简单，只要被控制主机联入网络，并与控制端客户程序建立网络连接，控制者就能任意访问被控制的计算机。

2. 密码发送型

密码发送型木马的目的是找到所有的隐藏密码，并且在受害者不知道的情况下把它们发送到指定的信箱。

3. 键盘记录型

键盘记录型木马非常简单，就是记录受害者的键盘敲击，并且在 LOG 文件里进行完整的记录。这种木马程序随着 Windows 系统的启动而自动加载，并能感知受害主机在线，且记录每一个用户事件，然后通过邮件或其他方式发送给控制者。

4. 毁坏型

大部分木马程序只是窃取信息，不做破坏性的事件，但毁坏型木马却以毁坏并且删除文件为己任。它们可以自动删除受控主机上所有的 ini 或 exe 文件，甚至远程格式化受害者硬盘，使得受控主机上的所有信息都受到破坏。

5.FTP 型

FTP 型木马打开被控主机系统的 21 号端口，无须密码仅用一个 FTP 客户端程序就可连接到受控制主机系统，并且可以进行最高权限的文件上传和下载，窃取受害系统中的机密文件。

（三）木马的防范

木马程序的危害非常大，它能使远程用户获得本地计算机的最高操作权限，通过网络对本地计算机进行任意操作，比如删添程序、锁定注册表、获取用户保密信息、远程关机等。木马使用户的电脑完全暴露在网络环境之中，成为别人操纵的对象。木马不仅破坏计算机及网络，而且对其进行控制、窃取或窜改重要信息，不断对网络安全造成严重的破坏。因此，需要采取多种有效措施来加强对木马的防范。

1. 阻断木马的网络通信

通过网络监控发现网络通信的异常并阻断木马的网络通信，或者定义各种规则，使木马无法进行网络通信。防火墙、入侵检测以及入侵防御都是比较典型的有效措施。它们对网络通信的端口及网络链接做了严格的限制和严密的监控，能够发现并拦截任何未经允许的网络连接或者通信端口的使用，并向用户报警。

2. 监控网络端口

木马入侵的一个明显证据是受害机器上意外地打开了某个端口。特别是，如果这个端口正好是木马常用的端口，木马入侵的证据就更加确定了，一旦发现，应当尽快切断该机器的网络链接，减少攻击者探测和进一步攻击的机会。打开任务管理器，关闭所有连接到

Internet 的程序，从系统托盘上关闭所有正在运行的程序。

3. 实时监控

从文件、邮件、网页等多个不同的角度对流入、流出系统的数据进行过滤、检测并处理其中可能含有的非法程序代码。在上网时，必须运行反木马实时监控程序，实时监控程序可即时显示当前所有运行程序并配有相关的详细描述信息。另外，也可以采用一些专业的最新杀毒软件、个人防火墙进行监控。

4. 根据木马行为分析进行防范

行为分析就是根据程序的动态行为特征判断其是否可疑。目前，病毒、木马等非法程序的种类迅速增加，变化不断加快，带来的危害日益严重，而特征码的提取又必然滞后于非法程序的出现。行为分析具有检测特征码未知的非法程序的特点，已成为目前国内外反病毒、反木马等领域研究的热点。

5. 其他预防策略

对于网上下载的软件在安装、使用前一定要用反病毒软件进行检查，最好是采用专门查杀木马程序的软件进行检查，确定没有木马程序后再执行、使用。很多木马程序附加在邮件的附件之中，收邮件者一旦点击附件，它就会立即运行。所以千万不要打开那些不熟悉的邮件，特别是标题有点乱的邮件，这些邮件往往就是木马的携带者。

（四）计算机病毒和木马的对比分析

计算机病毒破坏计算机信息，木马窃取计算机信息，木马依靠用户的信任来激活它们。其主要区别有以下几点：

1. 功能模块组成不同

计算机病毒一般包含三个模块，即引导模块、传染模块、表现 / 破坏模块。引导模块的作用是将病毒主体加载到内存，为传染部分做准备；传染模块的作用是在传染条件满足时将病毒代码复制到传染目标上去；表现 / 破坏模块的作用是在触发条件满足时进行表现或破坏。引导模块和传染模块都是为表现 / 破坏模块服务的。

木马是 B/S 结构的程序，通常有两个程序，一个是客户端（即控制端）程序，另一个是服务端（即被控制端）程序。植入对方计算机的是服务端程序，而黑客正是利用客户端程序进入运行了服务端程序的计算机。服务端程序驻留在受害者的系统中，非法获取其操作权限，负责接收控制端指令，并根据指令或配置发送数据给控制端。客户端程序包括木马配置程序和控制程序。木马配置程序设置木马程序的端口号、触发条件、木马名称等，使其在服务端隐藏得更隐蔽。控制程序控制远程木马服务器，给服务器发送指令，同时接收服务器传送来的数据。

2. 对计算机的破坏和影响不同

计算机病毒对计算机的影响重点是感染文件、破坏文件系统，对计算机的数据信息进行直接的破坏。木马对计算机的影响重点是在受害者不知情的情况下对计算机进行监控以及盗窃受害者的密码、数据等，如盗窃游戏账号、股票账号，甚至网上银行账户，达到偷窥别人隐私和得到经济利益的目的。

3. 存在形式不同

计算机病毒一般不是独立存在，而是需要寄生的。它通过自己指令的执行，可以把自己的指令代码写到其他程序的体内，被感染的文件就被称为宿主。这样，宿主程序执行时就可以先执行病毒程序，病毒程序运行完之后，再把控制权交给宿主原来的程序指令。木马是独立的 B/S 结构的程序。

4. 传播方式不同

计算机病毒一般通过对宿主程序的插入或改写来复制自身，由用户运行被感染的宿主程序来激活病毒程序，满足感染条件时再感染其他的目标程序。计算机病毒的主要感染目标是同一台计算机上的本地文件。可以看出计算机用户运行宿主程序是计算机病毒传播过程中的一个关键环节。木马不具有传染性，它既不能像蠕虫那样复制自身，也不像计算机病毒那样“刻意”地去感染其他文件，它主要通过将自身伪装起来，吸引用户下载执行。例如将木马服务端作为电子邮件附件或者与其他应用软件捆绑在一起放到网络上吸引人下载执行。

四、病毒的防御策略

不论是计算机网络还是智能手机，所用上网的网络设备都需要做好病毒的防御措施。在计算机的使用中只要注意做到以下几点，就能减少计算机病毒感染的机会，使计算机得到有效安全保护。

（一）加强软件防护，保障服务器安全

在应用网络的过程中，要安装杀毒软件。一些特殊行业所使用的网络甚至需要安装防黑软件，安装这些软件的主要目的就是避免病毒入侵。此外，在使用 U 盘和光盘时，必须要保持一定的警惕性，禁止使用来源不明的 U 盘和光盘。如果必须使用 U 盘和光盘，要做好相应的清理与杀毒工作。同时，用户在应用网络时对软件的下载一定要谨慎小心，所有下载的软件必须都是在可靠的软件网站中下载的。针对来源不明的软件不要随意打开安装，同时也不要点击来路不明的链接，因为有些邮件和链接都有可能存在恶意代码，会对网络造成破坏。

服务器是病毒入侵的重要关卡，同时服务器也是整个网络的重要基础设施。如果服务器遭受了病毒感染，整个网络都要遭受安全威胁，甚至导致网络瘫痪。因此服务器的装载

操作需要通过服务器进行时，要对服务器进行合理的杀毒与安全扫描，及时安装应用系统补丁，防止病毒利用系统或程序漏洞进行传染。

在连网设备上安装正版杀毒、防毒软件，定时更新病毒资料库和扫描系统，查处发现的病毒程序。同时，还要利用信息获取及模拟攻击检测方式分析网络漏洞，对病毒入侵进行防御。网络用户需要了解网络使用规则，不能越界侵权，及时进行杀毒操作防患于未然。

（二）构建防火墙，阻断病毒入侵途径

防火墙是最常用的一种安全防御措施。它可以是一种硬件、固件或者软件，例如专用防火墙设备就是硬件形式的防火墙，包过滤路由器是嵌有防火墙固件的路由器，而代理服务器等软件就是软件形式的防火墙。安装、使用防火墙监控所有的数据包，实现全面隔离，可以有效避免计算机在运行过程中遭受病毒的感染。同时，采用如下一些安全措施，以阻断病毒入侵的途径：

1. 使用加密连接管理站点

使用不加密的FTP或HTTP来管理站点，会给网站造成很大的安全隐患，因此要尽可能使用加密的协议，保障网站的安全性。目前，可以使用 SSL Web 网站加密技术，也可以使用加密性能更好的TLS技术。

2. 连接安全网络

尽量不要连接安全性不可知或不确定的网络，如果需要连接到一个没有安全保障的网络，最好使用一个安全代理，这样到安全资源的连接就会来自一个有安全保障的网络代理。

3. 不共享登录信息

共享登录机密信息会引起诸多安全问题。登录凭证共享得越多，就越可能更公开地共享，甚至对不应当访问系统的人员也是如此。

4. 采用基于密钥的认证而不是口令认证

口令认证要比基于密钥的认证更容易被攻破。设置口令的目的是在需要访问一个安全资源时能够更容易地记住登录信息。使用基于密钥的认证，并仅将密钥复制到预定义的、授权的系统，将会得到一个更强健的难于破解的认证凭证。

5. 对所有的系统都实施强健的安全措施

可以采用一些通用的手段，如采用强口令、强健的外围防御系统，及时更新软件和为系统打补丁，关闭不使用的服务，使用数据加密等手段保证系统的安全性。

第七章 无线网络的安全与网络设备安全

第一节 无线网络的安全

一、无线网络技术概述

（一）无线局域网概述

随着无线通信技术的广泛应用，传统网络已经不能满足人们的需求，于是无线网络应运而生，并迅速发展。尽管无线网络目前还不能完全独立于有线网络而存在，但其凭借优越的灵活性和便捷性在网络应用中发挥着日益重要的作用。

无线网络是无线通信技术与网络技术相结合的产物。从专业角度讲，无线网络就是通过无线信道来实现网络设备之间的通信，并实现通信的移动化、个性化和宽带化。通俗地讲，无线网络就是在不采用网线的情况下，提供以太网互联功能的通信方式。

无线局域网主要运用射频（Radio Frequency，RF）的技术取代原来局域网系统中必不可少的传输介质（如同轴电缆、双绞线等）来完成数据信号的传送任务。

（二）无线局域网的优点

无线局域网的优点包括以下几个方面：

1. 灵活性和移动性

在有线网络中，网络设备的安放位置受线缆位置的限制，而无线局域网在无线信号覆盖区域内的任何一个位置都可以接入网络。无线局域网另一个优点在于其移动性，连接到无线局域网的用户可以自由移动且能同时与网络保持连接。

2. 安装便捷

无线局域网可以免去或最大程度减少网络布线的工作量，一般只需安装一个或多个接入点设备，就可建立覆盖整个区域的局域网络。

3. 易于进行网络规划和调整

对于有线网络来说，办公地点或网络拓扑的改变通常意味着重新建网。重新建网是一个费时、费力、昂贵和琐碎的过程，无线局域网可以避免或减少以上情况的发生。

4. 故障定位容易

有线网络一旦出现物理故障（尤其是由于线路连接不良而造成的网络中断），往往很难查明原因，而且检修线路需要付出很大的代价；无线网络则很容易定位故障，只需更换故障设备即可恢复网络连接。

5. 易于扩展

无线局域网有多种配置方式，可以很快从只有几个用户的小型局域网扩展到拥有上千用户的大型网络，并且能够提供节点间漫游等有线网络无法实现的功能。

由于无线局域网有以上诸多优点，因此其发展十分迅速。近年来，无线局域网已经在企业、医院、商店、工厂和学校等众多场合得到了广泛的应用

（三）无线局域网协议标准

1. 蓝牙规范

蓝牙规范（Bluetooth）是由SIG（Special Interest Group，特别兴趣小组）制定的一个公共的、无须许可证的规范，其目的是实现短距离无线语音和数据通信。蓝牙工作于2.4GHz的ISM频段，基带部分的数据速率为1Mbit/s，有效无线通信距离为10～100 m，采用时分双工传输方案实现全双工传输。蓝牙技术采用自动寻道技术和快速跳频技术保证传输的可靠性，具有全向传输能力，无须对连接设备进行定向。蓝牙是一种改进的无线局域网技术，其设备尺寸更小、成本更低。在任意时间内，只要蓝牙技术产品进入彼此有效范围之内，就会立即传输地址信息并组建成局域网，实现信息传输。这一切工作都由设备自动完成，无须用户人工干预。

2.HomeRF 标准

HomeRF标准协议主要针对家庭无线局域网，其数据通信采用简化的IEEE802.11协议标准之后，HomeRF工作组又制定了HomeRF标准，用于实现PC机和用户电子设备之间的无线数字通信。HomeRF标准是IEEE802.11与DECT（Digital Enhanced Cordless Telecommunications，数字增强无绳通信）相结合的一种开放标准。HomeRF标准采用扩频技术，工作在2.4GHz频带，可同步支持4条高质量语音信道，并且具有低功耗的优点，适合用于笔记本电脑。

3.HyperLAN/2 标准

HyperLAN/2标准由全球论坛（H2GF）开发并制定，在5GHz的频段上运行，采用OFDM调制方式，物理层最高速率可达54Mbit/s，是一种高性能的局域网标准。HyperLAN/2标准定义了动态频率选择、无线小区切换、链路适配、多波束天线和功率控制等多种信令和测量方法，用以支持无线网络的功能。基于HyperRF标准的网络有其特定的应用，可以用于企业局域网的最后一部分网段，支持用户在子网之间的IP移动性。在

热点地区，基于 HyperRF 标准的网络为商业人士提供远端高速接入因特网的服务，并作为 W-CDMA 系统的补充，用于 3G 的接入技术，使用户可以在两种网络之间移动或进行业务的自动切换而不影响通信。

（四）无线局域网的体系架构

1. 无线局域网主要组件

（1）无线网卡

无线网卡提供与有线网卡一样丰富的系统接口，包括 PCMCIA、Cardbus、PCI 和 USB 等。在有线局域网中，网卡是网络操作系统与网线之间的接口；在无线局域网中，网卡是操作系统与天线之间的接口，用来创建透明的网络连接。目前大部分笔记本电脑、智能手机均自带无线网卡，在实际应用中 USB 无线网卡因为小巧方便、即插即用等优点，越来越受到人们的重视。

（2）接入点

接入点的作用相当于局域网集线器。接入点在无线局域网和有线网络之间接收、缓冲存储和传输数据，以支持无线用户设备。接入点通常是通过标准以太网线连接到有线网络上，并通过天线与无线设备进行通信。有多个接入点时，用户可以在接入点之间漫游切换。接入点的有效范围是 20 ～ 500m。根据技术、配置和使用情况，一个接入点可以支持 15 ～ 250 个用户，通过添加更多的接入点，可以比较轻松地扩充无线局域网，从而减少网络拥塞并扩大网络的覆盖范围。无线接入点一般为无线路由器，目前也有很多无线网卡支持接入点功能。

2. 无线局域网结构

配置无线局域网时，可以采用对等模式和基础结构模式：

（1）对等模式

对等模式即 Ad-hoc 模式。这种模式包含多个无线终端和一个服务器，它们均配有无线网卡，但不连接到接入点和有线网络，而是通过无线网卡进行相互通信。对等模式主要用于在没有基础设施的地方快速而轻松地构建无线局域网，如智能交通、智能家居的传感器节点等。

（2）基础结构模式

基础结构模式即 Infrastructure 模式。该模式是目前最常见的一种架构，这种架构包含一个接入点和多个无线终端，接入点通过电缆与有线网络连接，通过无线电波与无线终端连接，可以实现无线终端之间以及无线终端与有线网络之间的通信。通过对这种模式进行复制，可以实现多个接入点相互连接的更大的无线网络，并可接入互联网。

二、无线网络安全概述

（一）无线网络的安全目标

与传统网络一样，无线网络的安全目标包括以下几个方面：

1. 可靠性

可靠性指网络系统能在规定的时间内和条件下完成规定的功能。

2. 可用性

可用性指网络信息系统可被授权实体访问并按需求使用的特性。

3. 保密性

保密性指防止信息泄露给非授权的个人或实体，只允许授权用户访问的特性。保密性是一种面向信息的安全性，它建立在可靠性和可用性的基础之上，是保障网络信息系统安全的基本要求。

4. 完整性

完整性指信息在未经授权时不能被改变的特性，即信息在生成、储存或传输过程中保证不被偶然或蓄意地破坏（如删除、修改、伪造、乱序、插入等）和丢失的特性。

5. 真实性

真实性也称为不可否认性，即在网络信息系统的信息交互过程中所有参与者都不可能否认或抵赖曾经完成的操作的特性。

（二）无线网络的安全缺陷

1. 无线网络的脆弱性

无线网络的脆弱性主要体现在以下几个方面：

（1）体系结构的脆弱性

网络体系结构要求上层调用下层的服务，上层是服务的调用者，下层是服务器的提供者，当下层提供的服务出错时，会使上层的工作受到影响。

（2）网络通信的脆弱性

网络安全通信是实现网络设备之间、网络设备与主机节点之间信息交换的保障，然而通信协议或通信系统的安全缺陷往往会危及到网络系统的整体安全。

（3）网络操作系统的脆弱性

Windows、UNIX、Netware 等网络操作系统不断被爆出各种漏洞，这些漏洞一旦被攻击者利用会威胁到整个网络的安全。

(4)网络应用系统的脆弱性

和网络操作系统的脆弱性一样，网络应用系统的脆弱性也容易被攻击者利用，从而威胁到网络的安全。

(5)网络管理的脆弱性

网络管理工作中的安全意识淡薄、安全制度不健全、岗位职责混乱、审计不力、设备选型不当和人事管理漏洞等因素都会带来巨大的网络安全隐患。

2. 无线网络的安全问题

与有线网络相比较，无线网络的安全问题更为突出，其接入网络的便捷性使得黑客、病毒等能更悄无声息地进入网络。总体说来，无线网络安全问题主要集中在以下两方面：

(1)物理安全

无线设备包括站点（Station，STA）和接入点（Access Point，AP）。站点通常由一台PC机或笔记本电脑加上一块无线网络接口卡构成。接入点通常由一个无线输出口和一个有线的网络接口构成，其作用是提供无线网络和有线网络之间的桥接。

物理安全是关于这些无线设备自身的安全问题。首先，无线设备存在许多限制，这对存储在这些设备中的数据和设备间建立的通信链路安全产生潜在的影响。与个人计算机相比，无线设备[如个人数字助理（PDA）、移动电话等]存在电池寿命短、信号收发质量差等缺陷。其次，无线设备虽有一定的保护措施，但是这些保护措施总是基于最小信息保护需求的。因此，有必要加强无线设备的各种防护措施。

(2)存在的威胁

安全威胁是指非授权用户对资源的保密性、完整性、可用性以及合法使用所造成的危险。无线网络与有线网络相比只是在传输方式上有所不同，所有常规有线网络存在的安全威胁在无线网络中也同样存在，因此要继续加强常规的网络安全防护措施。但是，由于无线网络是采用射频技术进行网络连接及传输的开放式物理系统，因此无线网络与有线网络相比还存在一些特有的安全威胁。无线网络可能受到的安全威胁可以分为两类：一类是针对网络访问控制、数据机密性保护和数据完整性保护进行的攻击，这类攻击在有线环境下也会发生；另一类则是利用无线介质本身的特性，基于无线通信网络设计、部署和维护的独特方式而进行的攻击。

(三)无线网络攻击的主要手段

无线网络攻击的主要手段有以下类型：

1. 窃听

在广播式的网络系统中，每个节点都可以读取网上传输的数据，如搭线窃听、安装通信监视器和读取网上的信息等。网络体系结构允许监视器接收网上传输的所有数据帧而不考虑帧的传输目标地址，这种特性使得偷听网上的数据或非授权访问变得很容易而且不易被发现。例如，常见的 Sniffer 攻击，就是一种窃听方式的攻击手段。

2. 数据窜改

数据窜改即数据完整性被破坏。网络攻击者通过未授权的方式，非法读取并窜改数据，以达到通信用户无法获取真实信息的攻击目的。

3. 盗用口令攻击

盗用口令攻击（Password-based Attacks）是基于口令的攻击方式。攻击者通过多种途径获得合法用户的账号和密码后进入目标网络，从而进行破坏性的活动。

4. 中间人攻击

中间人攻击（Man-in-the-middle Attack）通过第三方进行网络攻击，以达到欺骗被攻击系统和反跟踪（包含攻击和组织大量规模攻击）的目的。中间人攻击类似于身份欺骗，被利用作为中间人的主机称为“Remote Host”（黑客取其谐音称为“肉鸡”）。网络上大量计算机被黑客通过这样的方式控制，这样的主机被称为僵尸主机。

5. 缓冲区溢出

攻击者输入的数据长度超过应用程序给定的缓冲区的长度，覆盖其他数据区，造成应用程序错误，而覆盖缓冲区的数据恰恰是黑客的入侵程序代码，黑客就可以获取程序的控制权，以达到攻击目的。

6. 假冒

假冒指一个实体假扮成另外一个实体进行网络活动的手段，如地址欺骗、电子邮件欺骗、Web 欺骗、非技术类欺骗和网络钓鱼等手段。

7. 重放

重放指重复一份报文或该报文的一部分，以便产生一个被授权的效果。

8. 流量分析

由于数据报头信息不能加密，即使加密也只能对数据部分进行加密，因此攻击者可通过对网上信息流的观察和分析推断出网络传输信息中的有用信息。

9. 分发攻击

分发攻击在系统的软硬件生产或分发期间对软硬件进行恶意修改或破坏，从而影响系统的正常运行，或者事后对信息系统进行非授权访问及破坏，或者利用系统或管理人员向用户分发账号和密码的过程窃取资料。

10.SQL 注入攻击

SQL 注入攻击指利用网站的 SQL 数据库和 SQL 语句漏洞来进行攻击。入侵者通过提交一段数据库查询代码，根据程序返回的结果获得攻击者想要的数据或者提高访问的权限，从而达到攻击目的。

11.ARP 欺骗

ARP 在进行地址解析的工作工程中，没有对数据报和发送实体进行真实性和有效性的验证，因此存在安全缺陷。攻击者可以通过发送伪造的 ARP 消息给攻击对象，使攻击对象获得错误的 ARP 解析。例如，攻击者可以伪造网关的 ARP 解析，使攻击对象将发给网关的数据报错误地发送到攻击者所在主机，于是攻击者就可以窃取、窜改或阻断数据的正常转发，直至造成整个网段的瘫痪。

12.XSS 和 CSRF 攻击

XSS 又称 CSS（Cross Site Scripting，跨站点脚本）。攻击者在 Web 页面或 URL 上加入恶意脚本，当其他用户访问和执行脚本时，就可以获取用户的敏感数据，以达到攻击目的。CSRF（Cross Site Request Forgery，跨站点请求伪造）的攻击者伪造恶意脚本，使得浏览者在未知情况下执行 Web 请求，导致数据被窜改或者蠕虫被传播。

13. 陷门

陷门（Back Door Attack）又称为后门，指那些绕过安全性控制而获取对程序或系统访问权的程序方法。在软件的开发阶段，程序员常常会在软件内创建后门程序以便可以修改程序设计中的缺陷。但是，如果这些后门被其他人知道，或是在发布软件之前没有删除后门程序，那么它就成了安全风险，容易被黑客当成漏洞进行攻击。

14. 特洛伊木马

特洛伊木马简称木马，经常伪装成正常的软件程序进入用户的计算机，在感染用户计算机后窃取用户资料（如 QQ 账号和密码、网银账号和密码等用户敏感信息）传递给攻击者，或者使攻击者可以控制用户计算机。木马由两部分组成：控制端和服务端（C/S 模式）。被感染的用户计算机上嵌入的是服务端，而攻击者为控制端。木马一般不破坏用户计算机的数据，主要是盗取数据。

15. 病毒

病毒是一段可执行程序，通过对其他程序进行修改，从而感染这些程序使其含有该病毒的一个拷贝。病毒可以做其他程序所做的任何事情，唯一的区别在于它将自己附在另外一个程序上，并且在宿主程序运行时秘密执行。一旦病毒执行，它可能会进行修改、删除等破坏用户数据的行为，也可能严重影响用户计算机的软硬件的正常运行。

16. 诽谤

诽谤利用计算机信息系统的广泛互联性和匿名性，散布错误的消息以达到诋毁某个对象的形象和知名度的目的。

17. 蠕虫

蠕虫（Worm）是一种智能化、自动化，综合网络攻击、密码学和计算机病毒的技术病毒，通常通过修改其他程序而将其感染。蠕虫是一种独立的智能程序，它可通过网络等途径将自身的全部或部分代码复制、传播给其他的计算机系统。蠕虫不寄生于宿主程序。同时具备病毒和蠕虫特点的程序称为蠕虫病毒，具有极强的破坏能力。

在开放式网络中，无线网络受到安全威胁的可能性极大，积极采用各种安全防护手段，将极大保护网络使用者的个人隐私和财产安全。

三、无线网络的安全防护技术

（一）无线局域网安全技术

无线局域网具有随时连线、成本低廉、速度快、部署简易、机动性强等优点。不过，无线网络是以电磁波为介质传输资料，资料传输范围不如有线网络容易控制，任何人都有条件窃听或干扰信息。因此，我们应该充分考虑其安全性，采用各种可能的安全技术。常用的无线局域网安全技术有：

1. 服务集标识符

服务集标识符（Service Set Identifier，SSID）技术将一个无线局域网分为几个不同的子网，每一个子网都需要独立的身份验证，只有通过身份验证的用户才可以进入相应的子网，以此防止未被授权的用户进入本网络，同时对资源的访问权限进行限制。SSID 是相邻的无线接入点（AP）区分的标志，无线接入用户必须设定 SSID 才能和 AP 通信。通常情况下，SSID 需事先设置于使用者的无线网卡及 AP 中。尝试连接到无线网络的系统在被允许进入之前必须提供 SSID，这是标识网络的唯一字符串。

但是，对于网络中所有用户而言，SSID 都是相同的字符串，其安全性较差，人们可以轻易地从每个信息包的明文里窃取到它。SSID 实际是一个简单口令，可以提供一定的安全性，但如果配置 AP 向外广播其 SSID，那么其安全程度将下降。

2. 媒体访问控制

由于每个无线工作站的网卡都有唯一的物理地址，采用媒体访问控制（Media Access Control，MAC）技术，在无线局域网的每一个 AP 设置一个许可接入的用户的 MAC 地址清单，如果用户的 MAC 地址不在清单中，接入点将拒绝其接入请求。不过，由于 MAC 地址在网上采用明码模式传送，只要监听网络便可从中截取或盗用其 MAC 地址，进而伪装成使用者潜入企业或组织内部偷取机密资料，其次，部分无线网卡允许通过软件来更改其 MAC 地址，可通过编程将想用的地址写入网卡来冒充这个合法的 MAC 地址，通过访问控制的检查而获取受保护网络的访问权限。另外，媒体访问控制属于硬件认证，而不是用户认证，这种方式要求 AP 中的 MAC 地址列表更新是手工操作，对于大型无线网络而言，MAC 地址扩展相当困难，因此，媒体访问控制只适合于小型规模的网络，比如小型公司网络和家庭网络。

3. 有线等效保密

有线等效保密协议（Wired Equivalent Privacy，WEP）是常见的资料加密措施。WEP 安全技术源自名为 RC4 的 RSA 数据加密技术，以满足用户更高层次的网络安全需求。在链路层采用 RC4 对称加密技术，当用户的加密密钥与 AP 的密钥相同时才能获准存取网络的资源，从而防止非授权用户的监听以及非法用户的访问。WEP 的工作原理是通过一组 40 位或 128 位的密钥作为认证口令，当 WEP 功能启动时，每台工作站都使用这个密钥，将准备传输的资料加密运算形成新的资料并通过无线电波传送，另一工作站在接收到资料时，也利用同一组密钥来确认资料并做解码动作，以获得原始资料。

WEP 的目的是向无线局域网提供与有线网络相同级别的安全保护，用于保障无线通信信号的安全。WEP 也存在许多漏洞：首先，WEP 的认证机制过于简单，很容易被破解，加上密钥是手工输入与维护，更换密钥费时且困难，因此密钥通常长时间使用而很少更换，若一个用户丢失密钥，则将危及整个网络的安全；其次，WEP 的认证是单向的，AP 能认证客户端，但客户端不能认证 AP；再次，WEP 的初始向量（IV）太短，重用很快，为攻击者提供了很大的方便；同时，WEP 标准支持每个信息包的加密功能，但不支持对每个信息包的验证，黑客可以从对已知数据包的响应来重构信息流，从而发送欺骗信息包；最后，WEP 加密无法应付重传攻击（Replay Attack），当 ICV 被发现有漏洞时，有可能因为传输数据被修改而无法被检测到。

针对 WEP 的不足之处，现在提出了动态安全链路技术（Danamic Security Link，DSL）对 WEP 加以扩展。DSL 采用了 128 位密钥，与 WEP 截然不同的是，DSL 采用的密钥是动态分配的。DSL 针对每一个会话（Session）都自动生成一把密钥，并且在同一个会话期间，对于每 256 个数据包，密钥将自动改变一次。DSL 要求无线 AP 中维护一个用户访问列表，并在用户端请求访问网络时进行用户名 / 口令的认证，只有认证通过之后才允许访问网络。显然，采用 DSL 数据传输的保密性将大大增强。

4.Wi-Fi 保护性接入

Wi-Fi 保护性接入（Wi-Fi Protected Access，WPA）是继承了 WEP 基本原理而又解决了 WEP 缺点的一种新技术，是 WiFi 联盟 2003 年在 IEEE802.11 草案的基础上发布的加密标准。WPA 根据通用密钥，配合表示电脑 MAC 地址和分组信息顺序号的编号，分别为每个分组信息生成不同的密钥，再与 WEP 一样将此密钥用 RC4 加密处理。通过这种处理，所有客户端的所有分组信息所交换的数据都将由各不相同的密钥加密而成。WPA 还具有防止数据中途被篡改的功能和认证功能。

WPA 标准采用了 TKIP（Temporal Key Integrity Protocol）加密、EAP 和 802.11 等技术，在保持 Wi-Fi 认证产品硬件可用性的基础上，解决 802.11 在数据加密、接入认证和密钥管理等方面存在的缺陷，因此，WPA 在提高数据加密能力、增强网络安全性和接入控制能力方面具有重要意义。作为 IEEE802.11 标准的子集，WPA 包含认证、加密和数据完整性校验三个组成部分，是一个完整的安全性方案，是一种比 WEP 更为强大的加密方法。

5. 国家标准 WAPI

国家标准 WAPI（Wireless LAN Authentication and Privacy Infrastructure，无线局域网鉴别与保密基础结构）是针对 IEEE802.11 中 WEP 协议安全问题，在中国无线局域网国家标准《信息技术系统间远程通信和信息交换局域网特定要求第 11 部分：无线局域网媒体访问控制和物理层规范》（GB15629.11）中提出的 WLAN 安全解决方案。2009 年 6 月 15 日，WAPI 国际提案获得国际标准组织 ISO 认同并进行标准化。WAPI 采用公开密钥体制的椭圆曲线密码算法和对称密钥密码体制的分组密码算法，用于 WLAN 设备的数字证书、密钥协商和传输数据的加 / 解密，从而实现设备的身份鉴别、链路验证、访问控制和用户信息在无线传输状态下的加密保护。

WAPI 的主要特点是采用基于公钥密码体系的证书机制，真正实现了移动终端（Movable Terminator，MT）与无线接入点（AP）之间的双向鉴别。另外，WAPI 充分考虑了市场应用，从应用模式上可分为单点式和集中式两种：单点式主要用于家庭和小型公司的小范围应用；集中式主要用于热点地区和大型企业，可以和运营商的管理系统结合起来，共同搭建安全的无线应用平台。采用 WAPI 可以彻底扭转目前 WLAN 多种安全机制并存且互不兼容的现状，从根本上解决安全和兼容性问题。

6. 端口访问控制技术

端口访问控制技术（802.1x）是由 IEEE 定义的，用于以太网和无线局域网中的端口访问与控制。该协议定义了认证和授权，可以用于局域网，也可以用于城域网。802.1x 引入了 PPP（Point-to-Point Protocol）协议定义的扩展认证协议 EAP（Extensible Authentication Protocol），EAP 采用更多的认证机制（如 MD5、一次性口令等），以保证更高级别的安全。

802.1x 的认证层次包括两方面：客户端到认证端以及认证端到认证服务器。802.1x 定义客户端到认证端采用 EAP over LAN 协议，认证端到认证服务器采用 EAP over RADIUS（Remote Authentication Dial In User Service）协议。

802.1x 要求无线工作站安装 802.1x 客户端软件，无线访问站点要内嵌 802.1x 认证代理并作为 RADIUS 客户端，将用户的认证信息转发给 RADIUS 服务器。当无线工作站（STA）与无线访问点（AP）关联后，是否允许使用 AP 的服务要取决于 802.1x 的认证结果，802.1x 除提供端口访问控制功能之外，还提供基于用户的认证系统和计费功能，特别适合于公共无线接入解决方案

但是，由于 802.1x 采用的用户认证信息仅仅是用户名与口令，在存储、使用、认证

和传递的过程中可能泄漏、丢失，存在很大安全隐患。另外，加上 AP 与 RADIUS 服务器之间用于认证的共享密钥是静态的，且是手工管理，因此 802.1x 也存在一定的安全隐患。

7. 虚拟专用网络

虚拟专用网络（Virtual Private Network，VPN）技术指使用互联网将物理上分散的系统连接起来模拟单一专用网，并通过隧道和加密技术保证专用数据的网络安全性的技术。通过 VPN 防火墙可保护内部网免遭公共互联网攻击。无线网络也可以采用该安全框架，即安装两道防火墙：一道作为进入内部网的网关；另一道处于无线 LAN 和内部网之间，只允许 VPN 通信。同样地，无线用户也可以向无线基础设施认证自己。实际上，把无线网络和有线网络隔离，只允许 VPN 通信经过，是利用了缓冲区的办法来增强网络安全性。此外，采用基于 IPSec 的 VPN 技术的 IP 层加密协议，可以防止通信被窃听。

VPN 可以替代无线对等加密解决方案和物理地址过滤解决方案，也可以与 WEP 协议互补使用。但是，VPN 技术应用于无线网络也有其局限性，具体表现在：

（1）运行脆弱

因突发干扰或AP间越区切换等因素导致的无线链路质量波动或短时中断是很常见的。

（2）吞吐量小

在一个 VPN 网络里进行的任何交换都必须经过一个 VPN 服务器，一台典型的 VPN 服务器能够达到 30 ～ 50 Mb/s 的数据吞吐量。

（3）通用性差

VPN 技术在国内、国际上都没有一个统一的开发标准，各公司基于自有技术与目的开发专用产品，导致技术体制杂乱。

（4）扩展性差

一旦 VPN 网络的拓扑结构或内容改变，用户将不得不重新规划并进行网络配置。

（5）成本高

上述问题实际上在不同程度导致了用户网络架设的成本攀升。另外，VPN 产品价格本身就很高，对于中小型网络用户而言，VPN 产品的费用甚至超过 WLAN 设备的采购费用。

（二）无线网络安全防御手段

无线网络安全防御是指对现有的破解手段进行预防及中止的活动。在现有技术体制下，如何更为有效地保护无线网络安全，需要结合技术手段。常见的无线网络安全防御手段包括：

1. 数据加密

数据加密是目前网络中采用的最基本的安全技术。加密技术提高了信息系统及数据的安全性和保密性，是防止密码数据被外部窃取所采用的主要技术之一。启用 WPA/WPA2 加密并设置复杂密码是提高网络安全性的必要条件。

2. 数字签名

数字签名主要用来证明消息确实由发送者签发的，当数字签名用于存储的数据或程序时，还可以用来验证数据或程序的完整性。

3. 身份认证

有多种方法用来认证一个用户的合法性，如密码技术、利用人体生理特征（如指纹）进行识别、智能IC卡和USB盘等。

4. 防火墙

防火墙是一种通信过滤技术，通过控制盒检测网络之间的信息交换和访问行为来实现对网络安全的有效管理。安装防火墙将极大提高无线网络的安全性能。

5. 入侵检测

入侵检测是对防火墙的合理补充，帮助系统对付网络攻击。IDS（Intrusion Detection System，入侵检测系统）收集和分析网络或主机系统的通信情况，检查是否存在违反安全策略和遭到袭击的迹象，并提出警报。由于IPS（Intrusion Prevention System，入侵防御系统）具有主动防御的性能，如果IDS检测到攻击，IPS会在这种攻击扩散到网络的其他地方之前阻止这个恶意的通信。部署无线IDS/IPS系统以应对无线网络攻击，渐渐成为无线网络安全的常规解决方案。

6. 内容检查

内容检查是对程序和文件的内容进行检查。一般通过专业的查毒软件对数据内容和程序构成进行检查，观察其是否感染病毒，同时使用无线抓包工具进行流量分析，确定是否受到攻击。

（三）无线网络安全防护措施

除了从技术层面保护无线网络安全以外，加强安全意识、设计安全体制、完善法规建设等措施能从另外的角度对网络安全提供更为有效的保护，可以从以下几个方面对网络安全防护功能加以改善：

1. 改善网络体系结构和协议的安全性能

保护网络安全和建立安全的网络相比，后者更能主动建立防护。理论上来说，只要系统处于无法攻击的状态，所有的攻击手段都无用武之地，这需要网络的设计者们加强国际合作，设计更完备的协议。例如，IPSec工作组推出的IP协议新版本IPv6，Netscape公司在ISO/OSI七层体系结构的传输层加装的安全套接层协议SSL，Phil Zimmermann在应用层开发的PGP加密软件包，Wi-Fi联盟（The Wi-Fi Alliance）制定WPA加密协议以提供比WEP加密更安全的加密技术等等，都可以看作是在这个方向上的努力，并且取得了显著的成效。

2. 加强网络安全立法工作

有关安全的法律体系包括：①国家的根本大法即宪法有关国家安全、社会稳定和人民权利的根本性的法律规定；②国家安全法、保密法等通用的涉及国家安全和信息活动的法律；③有关互联网和电子商务、网络安全的专用法律；④其他有关具体信息行为的法律界定。我们国家的法律，不但要规范中国公民的行为，维护国家的统一和政权的稳定，而且要在经济全球化的进程中，能够维护国家的利益和本国公民的权益，尤其是在网络安全等技术领域，避免受到损害却拿不出索赔的法律依据，使得攻击者逍遥法外。网络攻击者面临实施攻击相对应的惩罚，将在一定程度上降低其攻击可能性，当然，这需要技术取证等支持。

3. 开发自主知识产权的安全产品

我国现在所用的大多数安全产品都是进口的，这种状况潜伏着巨大的危险。一方面，发达国家的政府禁止向我国出口高等级的安全产品，我们只能拿到低等级的安全产品；另一方面，各种安全产品都存在着后门和隐蔽通道，有的进程甚至可以远程激活，对于非设计人员来说这些都是陌生的。另外，单纯从经济的角度看，在社会信息化的进程中，安全产品是一个巨大的市场，对这样一个市场熟视无睹、拱手让人确实有欠明智。

4. 创新加密体制研究

加密体制是网络安全的一个核心问题，在加密体制上受制于人就更不可取了。中国人的思维方式和西方人的思维方式有很大的不同，在加密上也许我们会有一些更加奇特的想法。如何在更加广泛的基础上集中民族的智慧维护国家的利益，是一个有待探讨的问题。

5. 培养网络安全各层次人才

目前我国的网络安全人才，无论是高级的研究开发人才，还是普通的管理应用人才，都存在较大的缺口。在正规的教育体系中，只有四川大学、北京邮电大学等少数高校开设信息安全专业，而一般电子商务专业、网络工程专业、计算机应用专业等开设网络安全课程的也为数不多，有的学校不是不想开设网络安全的课程，而是苦于师资无法解决。

6. 建立网络安全的组织机构

国家通过一定的组织机构对网络进行分类、分级的管理。在种类上网络分为：①互联网；②国际专业计算机信息网络；③通过专线接入互联网的企业内部网络。在级别上网络分为：①互联网络；②接入网络；③用户网络。在各个机关部门和企事业单位，建立计算机网络的同时，也应该建立相应的安全组织机构。这些机构应当赋予相当的权力，能够处理涉及安全的各种问题和协调单位内部的各种关系。同时，机构内部各个成员的权力必须有互相制约的机制，避免内部成员的权力失控带来安全风险。在网络管理中心，系统管理员、安全员、审计员的三权分立是一种有效的安全机制。

7. 建立网络安全的规章制度

网络的所有用户在网络上的行为都应当有章可循。必须做什么，可以做什么，禁止做什么，都必须明确规定，并有相应的奖励和惩罚制度。规章制度要简明扼要、严密详尽并具有较强的可操作性。要通过各种形式经常性地宣传和教育，使网络安全深入人心，得到切实的执行。

总之，网络安全要贯穿于网络生存的全过程。在规划设计一个网络时，网络安全应纳入设计要求；在建设一个网络时，网络安全要同步地建设；在发展一个网络时，网络安全必须同步地发展；在维护一个网络时，网络安全必须同步地维护。任何一种延误、迟缓和失误，都有可能给网络安全带来危害。应当看到，网络安全的工作并不是一劳永逸的，同各种危害网络安全的内外因素的斗争，是一个长期的反复的过程，任何时候都不能有丝毫懈怠和侥幸的心理。

第二节　网络设备安全

一、交换机安全

随着计算机性能的不断提升，针对网络中的交换机、路由器或其他计算机等设备的攻击趋势越来越严重，影响越来越剧烈。大部分在网络建设的时候过多地关注了终端主机的安全（如服务器、用户终端计算机的安全），而对于交换机就没有给予足够多的重视。交换机作为局域网信息交换的主要设备，特别是核心、汇聚交换机承载着极高的数据流量，在突发异常数据或攻击时，极易造成负载过重或宕机现象。随着技术的不断提升，交换机性能和功能都有了很大的改善，现在的交换机在设计的时候，本身就提供了一些防攻击的工具，如采用一些安全技术尽可能抑制攻击带来的影响，减轻交换机的负载，使局域网稳定运行，在交换机上应用一些安全防范技术等。

网络的安全问题不可能通过某种一劳永逸的技术来解决，而是必须跟随环境状态的变化而发展，综合考虑时间、空间和网络层次因素，不断调整安全策略。交换机作为网络的基础设施，首先应该保证硬件体系和网络操作系统层次的安全，同时具备全面的安全特性，并可以灵活调整。

（一）通过 ACL 实现交换机安全

网络应用的不断发展促使了交换机不断更新换代、性能不断提高以及功能不断增加，随着对技术的熟悉，数据安全和网络的稳定性引起了人们的重视。人们希望构建一个可以任意控制的交换网络，来达到数据安全和网络稳定的目的，为了使得网络更方便地为人们服务，提高数据的安全性，ACL（Access Control List）技术应运而生。

（二）MAC地址过滤实现交换机安全

为了交换机安全性的提高，由于交换网络是基于MAC寻址的，所以使用者想通过MAC限制来屏蔽掉一些非法的用户，这些非法用户将无法通过设备与外界通信。下面介绍MAC地址过滤的配置过程。过滤地址是手工添加的MAC地址。当设备接收到以过滤地址为源地址的数据包时会直接丢弃。过滤地址永远不会老化，只能手工进行配置和删除，过滤地址可以保存到配置文件中，即使设备复位，过滤地址也不会丢失。

（三）风暴控制实现交换机安全

当交换网络中存在过量的广播、多播或未知名单播包时，就会导致网络变慢和报文传输超时概率大大增加。这种情况我们称之为广播风暴。协议栈的执行错误或对网络的错误配置都有可能导致风暴的产生。我们可以分别针对广播、多播和未知名单播包进行风暴控制。当接口接收到的广播、多播或未知名单播包的速率超过所设定的阀值时，设备只允许通过所设定阀值带宽的报文，超出阀值部分的报文将被丢弃，直到数据流恢复正常，从而避免过量的泛洪报文进入网络中形成风暴。

（四）保护端口和端口安全实现交换机安全

有些应用环境下，要求一台设备上的某些端口之间不能互相通信。在这种环境下，这些端口之间的通信，不管是单址帧、广播帧，还是多播帧，都不能在保护口之间进行转发。通过将某些端口设置为保护口来达到目的。

利用端口安全这个特性可以通过限制允许访问设备上某个端口的MAC地址以及IP（可选）来实现严格控制对该端口的接入。当为安全端口（打开了端口安全功能的端口）配置了一些安全地址后，则除了源地址为这些安全地址的报文外，这个端口将不转发其他任何报文。此外，还可以限制一个端口上能包含的安全地址最大个数，如果将最大个数设置为1，并且为该端口配置一个安全地址，则连接到这个端口的工作站（其地址为配置的安全MAC地址）将独享该端口的全部带宽。

（五）环路检查实现交换机安全

网络环路是数据链路层上的故障，只涉及MAC地址，不管高层封装的是什么类型的数据包都有可能引起广播风暴。网络规模的扩大使网络结构变得复杂，网络接入的交换机也变得多样化，使得以太网中的交换机之间存在不恰当的端口相连会造成网络环路的情况，如果相关的交换机没有打开STP功能或者部分交换机没有此功能，这种人为引起的环路会引发数据包的无休止重复转发，形成广播风暴，从而造成网络故障。RLDP全称是Rapid Link Detection Protocol，是一个用于快速检测以太网链路故障的环路检测协议。当网络发生环路故障时，RLDP会根据用户的配置对这种故障作出处理，包括警告、设置端口违例、关闭端口学习转发等。

（六）802.1X 实现交换机安全

在传统以太网中，用户只要能连接到网络设备上，不需要经过认证和授权即可直接使用。这样，一个未经授权的用户，可以没有任何阻碍地通过连接到局域网的设备进入网络。随着局域网技术的广泛应用，特别是运营网络的出现，对网络的安全认证的需求已经提到了议事日程上。如何在以太网技术简单、廉价的基础上，提供用户对网络或设备访问合法性认证，已经成为业界关注的焦点。

二、路由器安全

随着网络应用的普及和发展，网络安全问题成为广泛关注的问题。人们对网络的可靠性、操作系统能否正常运行，以及各种应用软件和系统设备是否会被病毒侵扰或黑客攻击的关注程度，大大超过了以往。网络安全问题已经延伸到整个网络体系结构的所有层面。在整个网络结构中，即使网络里配置了防火墙和 IDS 等安全设备，也不能完全保证整个网络系统的安全。尤其是网络中的黑客会窜改路由信息，或伪装路由器发送一些虚假信息，使网络系统瘫痪。在以往，多数的网络安全问题出现在主机操作系统方面，各种漏洞和后门让那些非法入侵者有机可乘。随着网络技术的普及和发展，越来越多的人对路由器技术有所了解，这样使得路由器的安全漏洞呈现了出来，从路由表到路由协议，成为新的安全隐患。保护路由器自身的安全是路由器的一项重要功能。下面我们介绍几种路由器的安全技术。

（一）实现路由器安全

1.ACL 实现路由器安全

路由器由于其功能的特殊性，使得其上的 ACL 与一般交换机有细微的差别，即路由器的 ACL 可以对进入和流出端口的数据进行控制，而一般交换机只能对进入端口的数据控制。

2.NAT 实现路由器安全

NAT－网络地址转换，是通过将专用网络地址（如企业内部网 Intranet）转换为公用网络地址（如互联网 Internet），从而对外隐藏了私网 IP 地址。这样，通过在内部使用私网 IP 地址，并将它们转换为一小部分公网 IP 地址，从而减少了 IP 地址注册的费用以及节省了目前越来越缺乏的地址空间。同时，这也隐藏了内部网络结构，从而降低了内部网络受到攻击的风险。

3.VPN 实现数据安全

随着网络经济的发展，企业日益扩张，客户分布日益广泛，合作伙伴日益增多，促使了企业的效益日益增长，另一方面也越来越凸现传统企业网的功能缺陷：传统企业网基于固定物理地点的专线连接方式已难以适应现代企业的需求。于是企业对于自身的网络建设提出了更高的需求，主要表现在网络的灵活性、安全性、经济性、扩展性等方面。在这样的背景下，VPN以其独具特色的优势赢得了越来越多的企业的青睐，令企业可以较少地关注网络的运行与维护，而更多地致力于企业的商业目标的实现。

（二）路由器安全知识

1.NAT技术

（1）主机没有全局唯一的可路由IP地址，却需要与互联网连接

NAT使得用私网IP地址构建的私有网络可以与互联网连通，这也是NAT最重要的用处之一。NAT在连接内部网络和外部网络的边界路由器上进行配置，当内部网络主机访问外部网络时，将内部网络地址转换为全局唯一的可路由IP地址。

（2）必须变更内部网络的IP地址

为了避免花费大量工作在IP地址的重新分配上，可以选择使用NAT，这样内部网络地址分配可以保持不变。

（3）需要做TCP流量的负载均衡，又不想购买昂贵的专业设备

可以将单个全局IP地址对应到多个内部IP地址，这样NAT就可以通过轮询方式实现TCP流量的负载均衡。

2.NAT/NAPT的术语

（1）内部本地地址

内部本地地址是指分配给内部网络主机的IP地址，该地址可能是非法的未向相关机构注册的IP地址，也可能是合法的私有网络地址。

（2）内部全局地址

内部全局地址是指合法的全局可路由地址，在外部网络代表着一个或多个内部本地地址。

（3）外部本地地址

外部本地地址是指外部网络的主机在内部网络中表现的IP地址，该地址是内部可路由地址，一般不是注册的全局唯一地址。

（4）外部全局地址

外部全局地址是指外部网络分配给外部主机的IP地址，该地址为全局可路由地址。

第八章　新时期互联网监管平台建设

第一节　网络舆情监控系统

一、网络舆情监控系统

（一）舆情监控系统的定义

网络舆情监控系统是指利用搜索引擎技术和网络信息挖掘技术，通过网页内容的自动采集处理、敏感词过滤、智能聚类分类、主题检测、专题聚焦、统计分析，满足相关网络舆情监督管理的需要，最终形成舆情简报、舆情专报、分析报告、移动快报，为决策层全面掌握舆情动态、做出正确舆论引导提供分析依据。

网络舆情是较多群众关于社会中各种现象、问题所表达的信念、态度、意见和情绪等表现的总和。网络舆情形成迅速，对社会影响巨大，加强互联网信息监管的同时，组织力量开展信息汇集整理和分析，对于及时应对网络突发的公共事件和全面掌握社情民意很有意义。网络舆情监控系统作为一种实时的互联网数据集成、加工的智能平台，其产品和服务主要面向负责公共事务、公共安全领域的公检法、军队和政府职能部门，以及公众高度关注的企事业单位、社会组织等。

（二）网络舆情监控系统的结构和主要功能

目前的网络舆情监控系统一般由自动采集子系统与分析浏览子系统构成，其中分析浏览子系统又可以细分为采集层、分析层和呈现层。

1. 采集层

采集层包含了信息采集、关键词抽取、全文索引、自动去重和区分存储及数据库，可以采集微博、论坛、博客、贴吧、新闻及评论、搜索引擎、图像和视频等。

2. 分析层

分析层主要负责对采集到的数据信息实行自动分类、自动聚类、自动摘要、名称识别、舆情性质预判和中文分词操作等，保证舆情分析与数据挖掘的全面性。

3. 呈现层

系统对采集分析的数据可以通过负面舆情、分类舆情、最新舆情、专题跟踪、舆情简报、分类点评、图表统计和短信通知等形式推送给用户，让用户做到心中有数。

在具体工作流程上，网络舆情监控系统主要对热点问题和重点领域比较集中的网站信息，如微博、网页、论坛、BBS等，进行24小时监控，随时采集、下载最新的消息和观点，下载完成后进行对数据格式的转换及元数据的标引，对下载到本地的信息，再进行初步的过滤和预处理。对热点问题和重要领域实施监控，前提是必须通过人际交互建立舆情监控的知识库，用来指导智能分析。对热点问题的智能分析，首先基于传统，在向量空间的特征分析技术上，对抓取的内容进行分类、聚类和摘要分析，对信息完成初步的再组织，其次在监控知识库的指导下进行基于舆情的语义分析，使管理者看到的民情民意更有效，更符合现实，最后将监控的结果分别推送到不同的职能部门，供制定相应的对策使用。

因此，网络舆情监控系统的主要功能有信息数据自动采集、文本自动聚类和自动分类、话题与跟踪、文本情感分析、趋势分析、自动文本摘要、舆情态势判断、统计报告、舆情报警、重大舆情应对的指挥与整合等方面。其中，网络舆情监控系统的关键技术包括热点话题的自动发现技术以及观点的抽取、观点倾向的定性和定量分析技术。

在海量的网络信息环境下，人们面临的问题不是信息匮乏，而是信息过载和信息噪声，所以人们关注的重心已从搜索采集的信息序化变为分析为主的信息转化。观点的抽取和观点倾向的定性和定量分析技术成为研判舆情态势的另一个重要来源和依据。目前，普通搜索引擎基于关键词得到搜索引擎返回结果的信息冗余度过高，很多不相关的信息仅仅因为含有指定的关键词被作为结果返回，并且没有对搜索结果进行有效合理的组织。在大量网络信息中，与同一主题相关的信息往往孤立地分散在不同的时间段和不同的地方。面对互联网上众多站点和质量不齐的网络信息，仅仅通过这些孤立的信息，人们对事件难以做到全面把握。在这种情况下，通过向量模型建立和对数据相似性分析的识别话题与跟踪技术成为舆情监控系统的关键。

因此，随着互联网技术的发展，互联网用户规模的增长以及刚性维稳的需求，网络舆情服务仅仅依靠单纯的舆情系统支持一个层面是不完整的，应该涵盖技术支持、口碑（声誉）管理、风险沟通、危机应对等在内的诸多领域。具体而言，舆情产业链的上游是政府、企业、个人等有服务需求的舆情主体，中游是提供舆情的服务商（舆情技术性系统、舆情信息衍生产品、舆情应对方案），下游是舆情客体（产生舆情舆论导向变化的信息载体，如报刊、电台、电视台、网站等新旧媒体，以及网络水军、公关公司等口碑声誉服务机构）。

二、网络舆情监控系统的分类

自21世纪初中共中央提出“建立舆情汇集和分析机制，畅通社情民意反映渠道”以来，在网络舆论的孕育下，我国的网络舆情产业蓬勃兴起，市场规模迅速膨胀，专门从事舆情监测的软件公司如雨后春笋般涌现。在众多的舆情监测队伍中，有100多支被国家工信部认证许可的“正规军”。需要注意的是，即使通过工信部软件公司认证的舆情软件，在舆情监测与分析水平上的表现也参差不齐，技术侧重点各有千秋，这与其“出身”、市场定位等有着密切的关系。

按照网络舆情市场产业链的构成，根据不同环节的分工，目前的网络舆情从业者大概可以分为如下几大类：

（一）网络舆情系统开发与销售公司

这类企业是生产和销售网络舆情监测软件的主力，主要代表有方正智思、拓尔思(TRS)、谷尼国际、邦富软件、任子行等。它们主要以舆情系统产品销售与技术支持为主业，通过技术手段获取舆情信息，为服务对象提供舆情预警。它们的特长是商业运作、技术储备和数据采集，但对于网络舆论把握和引导不够专业。

（二）互联网数据调查与研究公司

这类产品与服务主要有艾瑞网络舆情市场监测（Voice Tracker）、易观市场数据、CIC 的 IWOMmaster 等。它们的主业是通过互联网行为跟踪进行相关市场的研究与分析，同时进行数据集成、加工、预测等。基于不同行业的企业的互联网口碑管理和社会化营销是其主要研究领域，政府领域的舆情介入较少。易观还一度推出易观网络舆情监测系统，但最终还是将注意力集中在市场数据研究方面。

（三）专业新闻机构

人民网、新华网、华声在线、正义网、上市公司舆情中心、环球舆情调查中心、中青舆情等是这类机构的代表。这些机构具有官方媒体背景，它们主要发挥传播领域专业、意见领袖整合能力强、社会影响力大、公信力强等优势，其舆情服务产品多为网络舆情应对排行榜、以事件为单位的舆情研究报告、舆情信息报告（网络舆情纸质及电子报告）、政府舆情应对研究与培训等。这些机构的弱点在于体制性思维惯性，产品的技术特点不突出，在商业化运作和资本对接上有一定的局限性，当然个别机构除外。

（四）新闻和舆论传播研究、教学及其产业化机构

这类机构包括中国社科院新闻与传播研究所、中国传媒大学公关舆情研究所、中国传媒大学网络舆情（口碑）研究所（艾利艾咨询）、中国人民大学舆论研究所、上海交通大学舆情实验室、华中科技大学舆情信息研究中心、清华大学政维舆情研究室等。这些机构的主要产品有年度网络舆情指数报告、网络舆情年度白皮书、中国社会舆情年度报告、舆情蓝皮书—中国社会舆情与危机管理报告等。它们具有学术权威性，但这些院校式机构的弱项主要体现在社会资源不足、市场脱节明显等方面。目前已经有部分院校通过与某些网络舆情公司合作，在产业化方面进行了一定的有益的尝试。

（五）公关公司及网络水军

这类机构组织数量众多，尽管在技术上不占优势，处于网络舆情的末端，但是它们一般具有出色的资源整合和把握社会心理的能力，这使它们成为社会舆情传播（政治性议题除外）不可缺少的一个重要环节。公关公司和市场营销公司一般为企业或者机构提供公关咨询、营销炒作等服务，在涉及服务对象的舆情推动方面具有先天的优势，有时也会推动一些产业热点或者产业话题的炒作。目前，不少网络热点在网络炒作后被传统媒体跟踪报道，使得传统媒体成为网络水军和公关公司炒作的主渠道。

（六）其他

除了上述企业和机构外，还有一些在公众声誉（口碑）、风险、危机等传播、管理、沟通、应对等领域的专业人员和机构，其具有相关的实践经验和理解，也会举办一些有关网络舆情的讲座、培训。

三、网络舆情市场概览

网络舆情服务是一项跨学科、复合型产业，产品及服务涵盖了技术支持、口碑（声誉）修复、风险管理、危机应对等内容。

我国网络舆情服务产业高速发展主要有两个方面的原因：在社会层面上，由于经济社会转型带来的结构性矛盾日益突出，互联网成为公众表达诉求的重要渠道；在技术层面上，移动互联网的快速发展扩大了网络舆论的参与人数，使突发事件中的舆论“围观”来得更快、更猛。

在各级党政机关和企事业单位对网络舆情服务需求不断增加的背景下，专注于网络舆情研究和服务的机构如雨后春笋般纷纷涌现，行业规模不断扩大，业已形成了商业软件、媒体、教育科研、市场调查和公关等多种力量齐头并进的行业格局。同时，各地仍然有大量的舆情软件公司和市场调查公司在高速发展。

（一）舆情监测领域

人民在线无疑影响最大，其依托人民日报社、人民网成立，是一家专业从事网络舆情监测、研判、预警、处置、修复及信息增值服务的机构。其身后的人民日报及人民网，肩负着舆论导向的政治任务，拥有大量优质的人才、资本、媒体等方面的优势。人民在线舆情系统的优势体现在自然语言处理、观点倾向性分析等语义逻辑上，监测范围虽然从中央媒体到门户网站新闻、新闻跟帖、网络社区、BBS、博客、微博、社交网站、QQ 群等，但是由于人民在线舆情监测服务的重点在于关注网络舆情信息传播的关键节点，使得人民在线舆情系统在监测覆盖面上没有其他商业舆情公司产品那样广，实效性受到影响。但随着网络舆情市场的发展，新华网等官方媒体也开始在网络舆情服务市场方面发力，人民在线面临一定的竞争压力。

（二）舆情系统商业应用

北京拓尔思TRS网络舆情系统构建了多个向量模型，通过TDT对舆情信息进行相似性分析，发现、跟踪和分析互联网新的热点话题。在舆情功能上，从用户角度来看，拓尔思舆情系统在商业性舆情软件中最为全面。随着技术的发展，目前拓尔思正在企业搜索、内容管理软件等方面加大投入和研发力度，致力于成为大数据时代软件和互联网服务领域的领导厂商，并通过收购、参股等方式积极拓展业务布局，增强公司综合实力。

北大方正电子的方正智思产品与拓尔思有着相近的特性，也提供对境内、境外互联网信息（新闻、论坛、博客、贴吧、手机报、微博客等）的实时采集、内容提取及排重；对获取的信息进行全面检索、主题检测、话题聚焦、相关信息推荐；按需求定制主题分类；为舆情研判提供时间趋势、传播路径、话题演化等工具，统计舆情信息，生成舆情报告。方正智思系统的核心技术在于自然语言处理技术与数据挖掘技术，即在文本挖掘上通过向量模型对互联网热点话题进行相似性分析，对舆情观点倾向性进行定量计算。但在具体应用上，方正智思多用在新闻出版、教育等传统优势领域，在广度上略逊于拓尔思TRS产品。

中科天玑成立于21世纪初，由中国科学院计算研究所软件研究室改制而来，其舆情系统产品Golaxy拥有国内最完善的中文分词系统ICTCLAS，在自然语言理解、信息智能搜索、舆情综合挖掘领域拥有自己的优势，多文档摘要、网页与博客专家搜索、信息过滤、中文分词系统等多项技术先后获得了国际大奖。但需要指出的是，中科天玑在互联网数据获取能力（漏检率和错检率）上尚有欠缺，而且在商业运作和资本对接上也不理想，在其公司主页上连产品介绍都没有，因此在舆情市场领域知名度不高。

（三）商业舆情系统

军犬网络舆情监控系统具有较强的影响力，这得益于中科点击在商业运作和社会化信息传播（如军犬舆情排行榜及其内容SEO优化、百度百科、百度知道等）。与其他舆情系统相比，在技术性能上，军犬网络舆情监控系统的数据采集具有一定的优势，如境外媒体监测、多载体多格式信息监测等，但该系统的短处在于文本语义分析方面只能根据关键词进行信息匹配，难以对舆情数据进行相似性逻辑处理，造成系统内无关信息冗余明显，舆情信息不准确，制约了舆情研判。就总体性能而言，军犬网络舆情监控系统强在互联网信息采集和加工，弱在语义分析，适合具有较强舆情分析挖掘能力的机构采用。

作为一个新兴的领域，由于缺乏明确的标准、规范和监管体系，目前网络舆情监测系统服务领域存在着鱼龙混杂的现象，如缺乏国家标准、公众认知错乱，产品良莠不齐、潜规则盛行，监管缺位、产学研脱节、产品整体水平不高，商业舆情公司介入敏感领域，容易产生隐患。因此，对于网络舆情发展中存在的种种问题，政府要监管到位。第一，由于涉及政府信息的敏感性和安全性，网络舆情监测服务管理建议由国家互联网信息办公室具体负责，公安部、国家安全部、工信部、国家保密局、科技部、工商总局等职能部门参与协调、管理；第二，成立网络舆情监测领域自律组织，通过政府监管和社会化组织自律约束，规范舆情服务市场；第三，展开网络舆情监测领域标准化征集、探讨和制定，进一步规范、完善舆情服务市场行为；第四，举办网络舆情行业峰会等活动，搭建舆情行业交流平台，推进网络舆情产学研良性结合，为我国网络舆情服务及社会稳定发展奠定基础。

第二节　企业搜索与垂直搜索

一、企业搜索

世界权威机构统计表明，全球来自交易中的数据信息每年增长的速度是61%，而其他各种相关信息每年的增长率超过了92%。研究部门把由传统关系数据库管理系统处理的数据信息称为结构化数据，把包括纸质文件、电子文档、传真、报告、表格、图片、音频和视频文件等在内的信息称为非结构化数据或内容（Content）。据统计，企业（企业类组织机构）每年的数据增长超过100%，其中80%以文件、邮件、图片等非结构化的数据形式存放在企业内部计算机系统中的各个角落，而这些数据总量远远超过互联网信息的总量。有数据表明，企业98%以上的信息存储在企业内部，而发布到互联网上的信息量仅占总信息量的1%～2%。因此，为方便、快捷、安全地获取企业内部的信息，造就了一个新的但实际上非常传统的应用——企业搜索。

全球500强企业几乎都有企业搜索的需求和应用，从BBC到美国国土安全部，企业搜索的业务范围无所不包。在国内，随着中国企业信息化的发展，众多企业已经初步建成了各自统一的营业服务系统和企业内部信息传递管理系统，经过多年的运行积累，存储了海量的信息资源。由于历史原因，这些海量的信息资源管理分散、共享困难，形成了彼此隔离的信息孤岛。科学管理和合理开发这些信息资源，尤其是大量的、非结构化数据信息，是国内企业界面临的巨大挑战。

（一）企业搜索不同于互联网搜索

企业搜索与互联网搜索有着巨大的不同。在企业中，文本文件、电子邮件、音频和视频文件等与人们密切相关的数字化信息占据了主导地位，其占有率已经超过80%。这些信息都以非结构化的形式，散落在企业计算机系统的各个角落。

与互联网搜索引擎相比，企业搜索产品对核心技术的挑战性更高。它不仅要求搜索速度更快、结果更准确，可索引大量的文档和不同类型的媒体，同时也要求部署方便，可以与企业现有的信息系统、知识库或BI（商业智能）系统结合，并更加注重安全和隐私。

1. 复杂数据结构的搜索

普通互联网搜索引擎针对的数据一般都是网页结构的，即使有图片、音频和视频等多媒体形式，在结构上也仍然是由HTML组成的。企业用户需要搜索的数据既有互联网上的，也有内部网站上的；既有网页形式的，也有基于OA系统的各种数据库形式的；既有结构化的数据，也有各种电子文件格式的非结构化数据或者半结构化数据，如Word、Excel、PDF、XML等；既有文本形式的数据，也有多媒体形式的数据，如企业内部的新闻视频等。最突出的是，同一机构的数据还可能发布在不同介质的载体上。因此，企业搜索就是要对上述不同情况无缝结合，通过一个搜索工具和界面，发一个或者几个简单的检索请求即可得到满意的结果。

此外，互联网搜索内容对于用户来说是未知的，企业搜索的对象基本上是已知信息源，用户需要按照内容而不是通过比较源链接进行排列。

2. 搜索的安全性

企业搜索主要针对企业内部带有明显高等级的安全特性需求，而不像普通的互联网信息公开透明。考虑到安全需求，企业负责人普遍认为目前的搜索技术还没有为企业搜索做好足够的准备，即使为数据定义了文档级和数据库级的双重安全保障，也仍难以完全避免信息泄露，要求企业搜索必须针对用户、资源、权限分级管理和控制，确保系统安全。

3. 查全率和查准率

企业搜索主要针对企业用户，因此查找的信息专业性强、概念复杂，而且对于查询的查全率和查准率有着非常高的要求。互联网搜索基本上谈不上查全率，因为互联网上的信息泛滥，任何一个搜索引擎都无法穷尽互联网的每个网页，而且也只能通过关键词匹配方式去实现。在企业搜索中，必须对企业内部每个需要提供服务的信息进行索引，在保证效率的同时保障结果的“全”和“准”。

4. 实时与智能化检索

企业搜索是为企业运营和决策服务的，而不像互联网搜索一样只是提供信息参考。企业搜索的结果将直接参与到企业运营中，因此对于搜索结果实时效果要求很高，尤其是内部业务发生变化时能实时反应，不能像互联网搜索一样延滞更新。要做到实时反应，就要全面采用智能化的技术。智能搜索技术关注词语在文档中的逻辑关系，它综合考虑词语出现的上下文，同时又能够查找到那些可能不包含具体词语但包含相关概念的文档。除此之外，还可以实现概念提炼或基于例子的提炼。当然，企业搜索必须依靠内容管理技术和搜索技术，通过与数据管理、记录管理、过程管理、团队协同等各个环节密切结合，提高企业搜索的效率，也是企业信息化的重要组成部分。

（二）企业搜索常用功能与技术

从企业搜索的需求来看，不外乎内容管理、内容搜索、内容挖掘等功能。信息采集、信息分类算法，对企业内外部的新闻、邮件、Internet 信息、文件等非结构化信息以及数据库、XML 等结构信息进行理解，而后通过前端工具实现信息个人化、信息提示、信息检索等功能。

由于该系统具备学习设置、自动发现、自动分发、处理跟踪等全过程控制，因此可实现对各类信息内容的自动概括、聚类、关联和联想，从而提高企业对竞争情报信息实施全维、全息、全域的信息监控的能力。

1. 统一检索

统一检索指以多个分布式异构数据源为对象，向用户提供统一的检索接口，将用户的检索要求转化为不同数据源的检索表达式，自发地检索本地、局域网和广域网上的多个分布式异构数据源，并对检索结果加以整合，在经过消重和排序等操作后，以统一的格式将结果呈现给用户。统一检索能为不同用户提供不同的界面展现方式，既满足通用检索需求，又实现个性化需要。

2. 语言处理

中文分词是企业搜索必须具备的技术之一，应用中文分词技术才能使搜索结果更加符合用户习惯，更加接近用户的期望结果，而且用户要根据自己的需要和行业特色来添加和维护词库。

3. 安全系统

要实现文档、资料、数据等信息的访问安全，需要采用分级安全体系来保障不同安全级别的信息必须经过授权才能访问；通过对检索结果进行文档级安全和集合级安全的分类实现授权体系的灵活与功能；要能与绝大部分业务系统的用户体系整合，并可以继承原有的权限系统等。

4. 内容存储

实现文档、资料、数据等信息的分布式存储，能够最大限度地提高部署的灵活性和可扩展性，所有的元数据和全文索引分别存储在不同的单元上；在技术上要支持主流数据库平台、操作系统、浏览器、门户、应用程序服务器和开发标准。

5. 文档管理

要支持多种文档类型，通过将文档元数据和索引信息进行分开存储，实现强大的元数据管理功能，辅以基于文档安全级别的控制体系，对文档的整个生命周期进行全面管理；可通过创新的回溯功能查看文档的历史版本，全面提升企业文档到知识的转换能力，为企业运营决策提供知识支持。

6. 内容采集

除了支持所有主流数据库和文件系统的采集外，还要支持内容仓库的采集，能针对指定文件所在目录进行高效检索，可对PDF、Office、HTML、TXT、音频、视频等文件格式自动解析。同时，根据需要能够定制从其他各类数据源获取要检索的数据内容，如XML文件、其他数据池等。

因此，企业搜索其实就是应用上述多种技术开发的一个完整的企业搜索平台，能够完成企业内容整合过程的绝大部分功能，充分利用其底层应用功能，并封装为更易于使用的服务来提高应用开发的效率，更好地满足不断变化的业务需求。

（三）企业搜索市场概况

根据企业搜索的不同技术走向，基本上可以将企业搜索分为两大流派：一是数据库厂商在自身的关系型数据库中增强检索服务功能，在多个应用系统内部署各自的搜索服务，这样可以通过联合搜索的方式实现企业内的搜索服务，这类厂商有Oracle、IBM等；二是从事传统的内容管理厂商，在研究了企业搜索引擎服务后，提出了企业搜索平台（Enterprise Search Platform，ESP）的概念，这类厂商有国内的拓尔思、邦富软件等，国外的Autonomy等公司。此外，Google、微软等互联网搜索引擎厂商最近几年也加大了对企业搜索的关注与投入力度。

在我国，由于信息基础建设的差异，企业搜索以面向特定行业的应用为主，政府机构、国家涉密单位、新闻媒体、科研院所、大型企业集团（如电信、金融、能源等）成为最主要的用户群。

二、垂直搜索

垂直搜索引擎是针对某一个行业或者某一主题的专业搜索引擎，是搜索引擎的细分和延伸，是对网页库中的某类专门的信息进行一次整合，定向分字段抽取出需要的数据进行处理后再以某种形式返还给用户。垂直搜索是针对通用搜索引擎的信息量大、查询不准确、深度不够等提出来的新的搜索引擎服务模式，通过针对某一特定领域、某一特定人群或某一特定需求提供的有一定价值的信息和相关服务。它能为用户提供针对性更强、精确性更高的信息检索服务。垂直搜索引擎的应用方向很广，如地图搜索、音乐搜索、图片搜索、文献搜索、企业信息搜索、求职信息搜索，涉及各行各业，各类信息都可被细化成相应的垂直搜索对象。其特点就是“专、精、深”，且具有行业色彩，相比通用搜索引擎的海量信息无序，垂直搜索引擎显得专注、具体和深入。

（一）垂直搜索引擎的特点

垂直搜索与普通互联网搜索相比：第一，采集的学科范围小，总的信息量相对较少，可以保证用专家分类标引的方法对采集到的信息进行组织整理，进一步提高信息的质量，以建立一个高质量、专业的、能够及时更新的索引数据库；第二，只涉及某一个或几个领域，词汇和用语的一词（一字）多义的可能性大大降低，而且利用专业词表进行规范和控制，可大大提高查全率和查准率；第三，垂直搜索的信息采集量小，网络传输量小，有利于网络带宽的有效利用；第四，垂直搜索的索引数据库的规模小，有利于缩短查询响应时间，还可采用复杂的查询语法，提高用户的查询精度等。

（二）垂直搜索引擎的核心技术

垂直搜索引擎的核心技术包括主题爬虫、主题词库、相关度判断等。其中，主题爬虫就是根据一定的网页分析算法过滤与主题无关的链接，保留与主题相关的链接并将其放入待抓取的URL队列中，然后根据一定的搜索策略从队列中选择下一步要抓取的网页URL，并重复上述过程，直到达到系统的某一条件时停止。整体上看，主题爬虫爬行资源的数量只有普通爬虫的1/2，而它的主题资源覆盖度却是普通爬虫的5倍，能发现更多的Web主题资源。

垂直搜索引擎根据得到的网页内容，判断网页内容和主题是否相关。如果一个网页是和主题相关的，在网页中的标题、正文、超链接中通常会有一些和主题相关的关键词——在面向主题的搜索中，这种词称为导向词，给每个导向词一个权重，就能够优先访问和主题相关的URL，在主题词库模块中设计了一个分层的主题词库系统，该词库将颗粒大的主题词置于词库高层，将颗粒小的主题词置于词库低层，既考虑了主题搜索的广度，也考虑了主题搜索的精度。一级主题词库下还可包含若干细化的子主题词库，这些主题词库中包含了其上级主题词库的细化。例如，“股票”这个一级主题词库中的主题词可进一步设计一个子主题词库，它可包含股票代码、股票名称、上市公司名称、市盈率等，该主题词库内的主题词颗粒较小，内容相对固定。当上级主题确定后，再深入该级主题进行文本匹配，完成更加细化的主题搜索。

在基于HTML协议的网页中，每一个URL的链接文本最能概括表达URL所指向的网页内容，在网页中有一个链接模型为〈ahref ="urltext" 〉text〈/a〉，基于网页结构的明确性，text往往是非常精确的概括性描述文字。在这种结构基础上，人们可以采用向量空间模型来计算链接文本text的相似度，用它标记“urltext”的相关度。

此外，由于搜索引擎往往面临着大量用户的检索需求，因 此要求在检索程序的设计上要高效，尽可能将大运算量的工作在索引建立时完成，使检索的运算尽量少。因为一般的数据库系统不能快速响应如此大量的用户请求，所以在搜索引擎中通常采用倒排索引技术。

（三）垂直搜索的发展趋势

目前，从垂直搜索的应用情况来看，大部分垂直搜索的结构化信息提取都是依靠手工、半手工的方式来完成的，面对互联网的海量信息，很难保证信息的实时性和有效性，对智能化的结构化信息提取技术的需求非常追切。目前，国内非结构化信息的智能提取技术取得了重大进展，在一些领域得到了有效应用，因此智能化成为垂直搜索引擎的发展趋势。

垂直搜索引擎与早期的网址分类搜索引擎相似，但垂直搜索引擎只选定了某一特定行业或某一主题进行目录的细化分类，结合机器抓取行业相关站点的信息提供专业化的搜索服务。这种专业化的分类目录（或称主题指南、列表浏览）很容易让用户迅速知道自己要找的是什么，并且按目录单击就能找到。

深度挖掘型垂直搜索引擎可以为用户提供网页搜索引擎无法做到的专业性、功能性、关联性服务，有的加入了用户信息管理以及信息发布互动功能，能很好地满足用户对专业性、准确性、功能性、个性化的需求。专业的元数据属性构造背后需要一个强大的、由专业人士组成的团队。这些专业人士对该领域的元数据模型进行专业的分析、关联整合，再通过搜索技术按这些元数据模型把这些信息组织呈现给用户。

垂直搜索引擎由于自身对行业的专注，使得它可以提供行业信息深度和广度的整合以及更加细致周到的服务。对消费领域可以推出针对某一行业的搜索交易平台，如美容搜索、餐饮搜索、购物搜索、机票旅游搜索等。这种交易平台针对需要通过开展电子商务来获得更多用户的商家，搜索交易平台让行业内商家和用户直接沟通、咨询，不再需要转到第三方平台进行交易，有可能发展成像易贝和淘宝一样的购物平台。

（四）垂直搜索的应用分类

1. 政府相关的垂直搜索引擎

与政府相关的垂直搜索引擎主要表现为面向内部的垂直搜索和面向外部的垂直搜索：面向内部的垂直搜索主要是指政府内部专属网站群的搜索，同时集成数据库搜索功能，为政府工作人员和领导提供快速定位信息的方式，为日常工作和领导决策提供支持；面向外部的垂直搜索主要是指政府门户网站群搜索，同时集成法律法规等数据库搜索功能，整合政务服务资源，为民众和企业提供更好的服务，最大限度地发挥政务资源的效用。例如，中国政府网内置了垂直搜索，可以搜索中国政府网内的相关信息。

2. 企业相关的垂直搜索引擎

这类搜索引擎主要表现为企业借助互联网信息为某项企业业务提供信息服务的支持，如用于公关负面信息的预警、用户对产品的满意度监测等。但是，这些信息搜索往往由第三方来运营，为企业提供信息增值服务。

3. 行业门户相关的垂直搜索引擎

行业门户垂直搜索引擎最早表现为门户网站站内信息的搜索，随着行业门户在行业中地位和影响力的提高，逐步整合行业内其他网页资源以及行业企业库、供求信息库等结构化资源，为行业内企业提供全面的信息搜索服务，使其成为行业产业链中不可缺少的一部分。例如，优酷网的搜库、新浪微博的搜索等，就是与行业门户相关的垂直搜索。

4. 生活相关的垂直搜索引擎

生活相关的垂直搜索主要是指以搜索为手段为人们日常生活提供的信息服务，如票务信息搜索、房产信息搜索等。与生活相关的垂直搜索以结构化资源整合为主，对信息的及时性和准确性要求较高。

目前，用户搜索需求的平均化和多元化已成客观趋势，这也使得搜索精分成为搜索用户客观需求，而这种需求有力地推动了垂直搜索引擎的蓬勃发展，无论是百度、中搜，还是淘宝、优酷，各家企业都在这上面做足了文章。此外，还有房产搜索、招聘搜索、餐饮搜索、视频搜索等各类垂直搜索，在可以预见的未来，随着互联网内容的不断丰富，垂直搜索将成为通用搜索引擎越来越有力的挑战者。

第三节　互联网监控与不良信息过滤系统

一、大数据时代的互联网监控

目前，互联网数据已成为一种重要货币，可以让品牌厂商发布更精准的广告，鼓励用户在一些服务上花更长时间，令科技公司在与后起之秀的竞争中占据优势。这种基于用户隐私的营销模式无疑为互联网监控提供了便利。

随着信息技术的突飞猛进，人类已进入大数据时代，需要对信息进行汇集、管理、监控和处理；大数据在物理学、生物学、环境生态学等领域以及军事、金融、通信等行业存有时日，近年来更因互联网和信息行业的发展与个人生活结合得越来越紧密而引起关注。世界主要国家因大数据时代到来纷纷成立网军，在海陆空和太空之外开辟了第五战场，即网络战场。

大数据时代对人类的数据驾驭能力提出了新挑战，也为人们获得更为深刻、全面的洞察能力提供了巨大的空间与潜力。驾驭大数据、应用大数据，一方面与技术能力息息相关，另一方面需要确立技术伦理、建立大数据时代的全球游戏规则。

二、中国防火长城

中国“防火长城”也称中国国家防火墙（GFW），是对中国网络审查系统（包括相关行政审查系统）的统称，指代监控和过滤互联网内容的软硬件系统，由服务器和路由器等设备加上相关的应用程序构成。它的作用主要是监控网络上的通信，对认为不符合中国官方要求的传输内容进行干扰、阻断、屏蔽。由于中国网络监管严格，中国国内含有“不合适”内容的网站会受到政府的直接行政干预，被要求自我审查、自我监管乃至关闭，故防火长城的主要作用在于分析和过滤中国境内外网络的信息互相访问。

防火墙主要技术如下所述。

（一）域名服务器缓存污染

防火长城对所有经过骨干出口路由的在UDP的53端口上的域名查询进行IDS入侵检测，一经发现与黑名单关键词相匹配的域名查询请求，防火长城就会伪装成目标域名的解析服务器给查询者返回虚假结果。由于通常的域名查询没有任何认证机制，而且域名查询通常基于的UDP协议是无连接不可靠的协议，查询者只能接受最先到达的格式正确的结果，并丢弃之后的结果。而用户直接查询境外域名查询服务器（如Google Public DNS）又可能会被防火长城“污染”，仍然不能获得目标网站正确的IP地址。用户若改用TCP在53端口上进行DNS查询，虽然不会被防火长城“污染”，但是可能遭遇连接重置，导致无法获得目标网站的IP地址。IPv6协议时代部署应用的DNSSEC技术为DNS解析服务提供了解析数据验证机制，可以有效抵御劫持。

从21世纪初开始，中国大陆部分网络安全单位开始采用域名服务器缓存污染技术，使用思科提供的路由器IDS监测系统来进行域名劫持，阻止了一般民众访问被过滤的网站。对于含有多个IP地址或经常变更IP地址逃避封锁的域名，如一些国际赌博、色情网站等，防火长城通常会使用此方法进行封锁，具体方法是当用户向境内DNS服务器提交域名请求时，DNS服务器返回虚假（或不解析）的IP地址。

（二）针对境外的IP地址封锁

一般情况下，防火长城对于中国大陆以外的非法网站会采取独立IP封锁技术，然而部分非法网站使用的是由虚拟主机服务提供商提供的多域名、单（同）P的主机托管服务，这会造成封禁某个IP地址，导致所有使用该服务提供商服务的其他使用相同IP地址服务器的网站用户一同遭殃，就算是内容健康的网站也不能幸免，其内容可能也不能在中国大陆正常访问。

20世纪90年代初期，中国大陆只有教育网、中国科学院高能物理研究所（高能所）和公用数据网三个国家级网关出口，中国政府对认为违反中国国家法律法规的站点进行IP地址封锁。这在当时的确是一种有效的封锁技术，但是只要找到一个普通的服务器位于境外的代理，就可以通过它绕过这种封锁，所以现在网络安全部门通常会将包含不良信息的网站或网页的URL加入关键字过滤系统，并可以防止民众通过普通海外HTTP代理服务器进行访问。

（三）IP地址特定端口封锁

防火长城配合特定IP地址封锁路由扩散技术封锁的方法进一步精确到端口，从而使发往特定IP地址上特定端口的数据包全部被丢弃而达到封锁的目的，使该IP地址上服务器的部分功能无法在中国境内正常使用。经常会被防火长城封锁的端口有SSH的TCP协议22端口、PPTP类型VPN使用的TCP协议1723端口、TLS/SSL/HTTPS的TCP协议443端口等。在中国移动、中国联通等部分ISP的手机IP段，所有的PPTP类型的VPN都遭到封锁。

（四）无状态 TCP 协议连接重置

防火长城会监控特定 IP 地址的所有数据包，若发现匹配的黑名单动作（如 TLS 加密连接的握手），则会直接在 TCP 连接握手的第二步即 SYN-ACK 之后伪装成对方向连接两端的计算机发送 RST 包（RESET）重置连接，使用户无法正常连接服务器。

这种方法和特定 IP 地址端口封锁时直接丢弃数据包不同，因为是直接切断双方连接，封锁成本很低，故对于“Google+”等部分加密服务的 TLS 加密连接有时会采取这种方法予以封锁。

（五）对加密连接的干扰

在连接握手时，因为身份认证证书信息（即服务器的公钥）是明文传输的，防火长城会阻断特定证书的加密连接，方法和无状态 TCP 连接重置一样都是先发现匹配的黑名单证书，再通过伪装成对方向连接两端的计算机发送 RST 包（RESET）干扰两者间正常的 TCP 连接，进而打断与特定 IP 地址之间的 TLS 加密连接（HTTPS 的 443 端口）握手，或者干脆直接将握手的数据包丢弃导致握手失败，从而导致 TLS 连接失败。

（六）基于关键字的 TCP 链接重置

国内的系统在人们通过 HTTP 协议访问国外网站时会记录所有的内容，一旦出现某些比较敏感的关键词时，就会强制断开 TCP 连接，记录双方 IP 地址并保留一段时间（1 分钟左右），浏览器上也会显示“连接被重置”。之后在这一段时间内（1 分钟左右），由于和服务器的 IP 地址被摄查系统记录，人们就无法再次访问这个网站，因此必须停止访问这个网站。

一般来说，如服务器端在没有客户端请求的端口或者其他连接信息不符时，系统的 TCP 协议就会给客户端回复一个 RESET 通知消息，可见 RESET 功能本来用于应对服务器意外重启等情况。发送连接重置包比直接将数据包丢弃要好，因为如果是直接丢弃数据包客户端并不知道具体网络状况，基于 TCP 协议的重发和超时机制，客户端就会不停地等待和重发加重防火长城审查的负担，但当客户端收到 RESET 消息时就可以知道网络被断开不会再等待，因此这种封锁方式既不会耗费太多的资源，效果又很好，成本也相当低。

（七）对破网软件的反制

针对网上各类突破防火长城的破网软件，防火长城也在技术上做了应对措施以削弱破网软件的穿透能力。通常的做法是利用各种封锁技术以各种途径打击破网软件，最大限度限制破网软件的穿透和传播。

每年到敏感的关键时间点时，防火长城均会加大网络审查和封锁的力度，部分破网软件可能因此无法正常连接或连接异常缓慢，有时会采用间歇性封锁国际出口的方法阻止访问某些敏感的国际网站。

（八）针对 IPv6 协议的审查

关于 IPv4 网络，当时的网络设计者认为在网络协议栈的底层并不重要，安全性的责任在应用层。即使应用层数据本身是加密的，携带它的 IP 数据仍会泄露给其他参与处理的进程和系统，造成 IP 数据包容易受到诸如信息包探测（如关键字阻断）、IP 欺骗、连接截获等手段的会话劫持攻击。据报道，现阶段防火长城已经具备干扰 IPv6 隧道的能力，因为 IPv6 在用户到远程 IPv6 服务器之间的隧道是创建在 IPv4 协议上的，由于数据传输分片的问题或者端点未进行 IPSec 保护时很有可能暴露自己正在传输的数据，让防火长城有可乘之机干扰或切断连接。

（九）对电子邮件通信的拦截

通常情况下，邮件服务器之间传输邮件或者数据不会进行加密，故防火长城能轻易过滤进出境内外的大部分邮件，当发现关键字后会通过伪造 RST 包阻断连接。因为这通常都发生在数据传输中间，所以会干扰到内容。

三、商用互联网内容过滤系统

在个人计算机方面，实现内容过滤最简单的方法就是开启 IE 浏览器中“工具—Internet 选项—内容分级审查允许”这项功能。但并不是所有的网站都遵守 ICRA 规范，因此出现了一些可以安装在计算机终端的内容过滤软件，如英国的 Surf Control 的 Cyber Patrol，国内曾经的过滤王、蓝眼睛等，比较适合家庭单机使用，但大多年代久远，目前基本上都已经淡出了公众的视野。

在企业层面，每一个互联网访问的网络边缘（企业 / 学校网络边缘、网吧网络出口）都可以部署内容过滤工具。这些工具一般是分析网络数据流中包含的 HTTP 数据包，对数据包头中的 IP 地址、URL、文件名等进行访问控制。软件厂商通常事先对访问量较大、名气较大的网站和网页的内容做分类，然后把 URL、IP 地址和内容分类对应起来。当用户访问这些网站上的页面时，内容过滤产品就可以根据事先的分类进行过滤，达到按内容过滤的目的。目前，越来越多的路由器、安全网关 UTM 等采用硬件架构和一体化的软件设计，集防火墙、VPN、入侵防御（IPS）、防病毒、上网行为管理、内网安全、反垃圾邮件、抗拒绝服务攻击（Anti-DoS）、内容过滤、NetFlow 等多种安全技术于一身。

互联网是一个开放的世界，但没有规矩，不成方圆，虚拟的互联网也并非完全的自由地带。网络犯罪持续上升、网络谣言蛊惑人心、网络色情泛滥成灾、网络欺诈层出不穷……很多现实案例已经表明，互联网上一旦出现法律和监管上的真空，国家安全、信息安全、电子商务、个人隐私、未成年保护等合法行为、合法权益、合理诉求必将遭受冲击和破坏。通过法律、行政、技术等多种手段管理互联网已成国际惯例，只有这样才能保障互联网健康、有序、快速发展，才能让网民安全使用互联网，共享互联网科技进步带来的丰硕成果。

参考文献

[1] 邓小龙 . 网络空间安全治理 [M]. 北京：北京邮电大学出版社，2020.

[2] 贾铁军，俞小怡 . 网络安全技术及应用 [M]. 北京：机械工业出版社，2020.

[3] 张蕾 . 无线传感器网络技术与应用 [M].2 版 . 北京：机械工业出版社，2020.

[4] 龚俭，杨望 . 计算机网络安全导论 [M].3 版 . 南京：东南大学出版社，2020.

[5] 潘力 . 计算机教学与网络安全研究 [M]. 天津：天津科学技术出版社，2020.

[6] 牛少彰，童小海 . 移动互联网安全 [M]. 北京：机械工业出版社，2020.

[7] 李环 . 计算机网络 [M]. 北京：中国铁道出版社，2020.

[8] 张剑飞 . 计算机网络教程 [M]. 北京：机械工业出版社，2020.

[9] 桂学勤 . 计算机网络系统集成 [M]. 北京：中国铁道出版社，2020.

[10] 吴小钧 . 计算机网络应用基础 [M]. 西安：西安电子科技大学出版社，2020.

[11] 张波，朱艳娜 . 电子商务安全 [M]. 北京：机械工业出版社，2020.

[12] 郑宏源，徐超 . 大学生安全教育教程 [M]. 昆明：云南大学出版社，2020.

[13] 王诺 . 计算机网络安全管理 [M]. 成都：电子科技大学出版社，2019.

[14] 李英 . 计算机教学与网络安全管理研究 [M]. 北京：北京工业大学出版社，2019.

[15] 林宏刚，何林波 . 网络设备安全配置与管理 [M]. 西安：西安电子科技大学出版社，2019.

[16] 温爱华，赵滨 . 网络安全防护与管理技术研究 [M]. 长春：吉林大学出版社，2019.

[17] 王晓霞，刘艳云 . 计算机网络信息安全及管理技术研究 [M]. 北京：中国原子能出版社，2019.

[18] 朱超军 . 网络安全与网络行为研究 [M]. 北京：北京理工大学出版社，2019.

[19] 石瑞生 . 网络空间安全专业规划教材大数据安全与隐私保护 [M]. 北京：北京邮电大学出版社，2019.

[20] 薛丽敏，韩松 . 信息安全管理 [M]. 北京：国防工业出版社，2019.

[21] 张媛，贾晓霞 . 计算机网络安全与防御策略 [M]. 天津：天津科学技术出版社，

2019.

[22] 黄天全，覃伟良．网络技术 [M]. 天津：天津科学技术出版社，2019.

[23] 邹瑛．网络信息安全及管理研究 [M]. 北京：北京理工大学出版社，2018.

[24] 梁松柏．计算机网络信息安全管理 [M]. 北京：九州出版社，2018.

[25] 赵睿，康哲．计算机网络管理与安全技术研究 [M]. 长春：吉林大学出版社，2018.

[26] 雷敏．网络空间安全导论 [M]. 北京：北京邮电大学出版社，2018.

[27] 张文政，耿秀华．网络中的信任管理体系 [M]. 北京：国防工业出版社，2018.

[28] 李强．网络安全技术与实践 [M]. 北京：北京邮电大学出版社，2018.

[29] 刘映国．美军网络安全试验鉴定 [M]. 北京：国防工业出版社，2018.

[30] 何林波，王铁军．网络测试技术与应用 [M]. 西安：西安电子科技大学出版社，2018.

[31] 毕方明．信息安全管理与风险评估 [M]. 西安：西安电子科技大学出版社，2018.

[32] 张沪寅．计算机网络管理教程 [M]. 武汉：武汉大学出版社，2018.

[33] 封化民，孙宝云．网络安全治理新格局 [M]. 北京：国家行政学院出版社，2018.

[34] 李晖．无线通信安全 [M]. 北京：北京邮电大学出版社，2018.

[35] 姚俊萍，黄美益．计算机信息安全与网络技术应用 [M]. 长春：吉林美术出版社，2018.